Heinz Theo Honnef

Lecker müffele & süffele

VMS

Heinz Theo Honnef
"Lecker müffele un süffele"

Abbildungen von Wilhelm Busch u.a.

VMS

VERLAG & MEDIENSERVICE
GEORG DIVOSSEN
EIBENWEG 3
53757 SANKT AUGUSTIN
RUF/FAX 02241/932533
Georg.Divossen@gmx.de

Heinz Theo Honnef

Lecker
müffele & süffele

VMS

Rezepthinweise im Text erfolgen kursiv, also z.B.
»Rievkooche.

Die schönste Nebensache der Welt:

Esse un drinke hält Liev und Siel zesamme.

Es wird häufig darüber gestritten, welches denn nun die schönste Nebensache der Welt sei. Ohne ins Philosophieren zu kommen oder gar das Unbewußte zu bemühen, kristallisieren sich doch dabei immer wieder drei Favoriten heraus.

Da wäre zunächst der Sport zu nennen, der vor allem dem männlichen Geschlecht zum Beweis der Überlegenheit dient, auch dann, wenn die Aktivitäten sich, zumal beim Lieblingssport deutscher Männer, dem Fußballspiel, aufs Johlen, Biertrinken und - je nach Ergebnis - aufs Weinen und/oder Einander-in-die-Arme fallen beschränken.

Doch in jüngerer Zeit sind andere Sportarten in den Vordergrund getreten, die allem Anschein nach auch bei weiblichen Fans eine immer größere Rolle spielen. Bei Boris und Michael und ihren Erfolgen im "weißen" Tennissport mochte die Begeisterung noch in Grenzen bleiben, doch die Schumi-Brüder haben dem Formel 1-Zirkus und dem Benzinduft hochtouriger Rennwagen so etwas wie mythische Weihen verliehen und werden umschwärmt wie sonst nur Pop-Stars.

Den Durchbruch vor allem bei weiblichen Teenies haben jedoch unsere "deutschen Adler" geschafft, die nicht nur von Sieg zu Sieg, sondern offenbar auch in die Herzen ihrer jugendlichen Verehrerinnen gesprungen sind. Jede Boygroup kann angesichts des Jubels und der Beifallsstürme nur neidisch werden, zumal es da durchaus konkrete Angebote gibt. So wurde etwa der Anfeuerungsruf "Ziiiieh" auf weithin sichtbarem Spruchband so umgedeutet: Martin ziiiieh Dich aus - ich will ein Kind von Dir!

Und Sven Hannawald, offenbar nicht nur verehrter Teenieschwarm, sondern auch Liebling potentieller Schwiegermütter, wird gar in Rundfunksendungen verkuppelt, ohne daß man ihn gefragt hätte, ob er das überhaupt möchte.

Damit wären wir bei einer weiteren ungemein wichtigen Nebensache: dem eins - zwei - drei - vier - fünf - igittigitt .... Sie wissen schon.

Auf diesem Gebiet gibt es eine Vielzahl von Ratgebern, seriöse und weniger seriöse, wissenschaftlich fundierte und solche, die Spaß machen (sollen). Dazu gehört zweifellos auch ein kleines Büchlein, das - sicher ist sicher - sich im wesentlichen auf ausdrucksstarke Zeichnungen beschränkt und eine spezifisch rheinische Komponente enthält: das "Kölsche Kamasutra". Allerdings sei nicht verschwiegen, daß sportliche Leistungen für die praktische Umsetzung unabdingbar sind, und für einige Übungen gar olympische Fähigkeiten mitgebracht werden sollten. Vielleicht also doch eher etwas für unsere jungen "deutschen Adler".

Für die Rheinländer im allgemeinen und für die älteren im besonderen dürfte hingegen gutes Essen und Trinken ganz vorn in der Rangliste zu finden sein, dies um so eher, als man sich diesen leiblichen Genüssen nicht nur in bequemer Sitzposition hingeben kann, sondern dies zur Steigerung des Vergnügens sogar unbedingt tun sollte.

Nun sind Essen und Trinken zunächst einmal unabdingbar notwendig zum Erhalt des Lebens; das eingangs zitierte und auch in hochdeutscher Form verbreitete Sprichwort sagt es deutlich. Doch wenn die Lebenserhaltung der einzige Sinn und Zweck der Nahrungsaufnahme wäre, gäbe es entschieden weniger Bücher über das Essen und Trinken - und auch dieses wäre nicht geschrieben worden.

Die traditionelle rheinische Küche und die dazu gereichten Getränke waren und sind gewiß nicht das, was man “raffiniert” und “verfeinert” nennt; das verbindet sie mit allen regionalen - und nicht nur deutschen - Küchen. Die unbestreitbare Notwendigkeit der Nahrungsaufnahme setzte zunächst einmal voraus, daß genügend da war, bevor man daran denken konnte, das Vorhandene zu verfeinern. So sind die ursprünglichen Gerichte einfach und deftig und basieren auf Produkten, die leicht zu beschaffen, bezahlbar und nicht zuletzt sättigend sind. Bestes Beispiel dafür ist der *»Rievkooche*, der, aus bescheidensten Zutaten bereitet, durchaus ein kulinarisches Vergnügen ist und ganz gewiß satt machen kann.

Die Grundlage jeder regionalen Küche war zunächst einmal eine “Arme-Leute-Küche”, die auf dem basierte, was Feld und Garten preiswert hergaben. Fleisch war eher Mangelware und wenn, dann waren es die weniger edlen Teile, die Verwendung fanden. So mußte viel Einfallsreichtum darauf verwendet werden, dieses häufig viel zu fette oder zähe Fleisch zumindest genießbar, wenn denn schon nicht wohlschmeckend zu machen. Andererseits gab es das Problem der Aufbewahrung, vor allem in den wärmeren Jahreszeiten, so daß man zu Hilfsmitteln wie Pökeln, Räuchern oder Marinieren greifen mußte, um ein solches, am Beginn der Woche etwa preiswert erstandene Stück vom Tier für den sonntäglichen Festbraten zu konservieren.

So mag die Entstehung des *»Sauerbratens* zu erklären sein, bei dem die Essigmarinade zudem half, allzu zähes Fleisch mürbe zu machen und ggf. den Pferdegeschmack zu überdecken. Auch die rheinische Variante des Eisbeins, das *»Hämmchen* (Betonung auf der zweiten Silbe!), setzt ein gepökeltes Stück der Schweinshaxe voraus.

Doch auch bei den Früchten des Feldes gab es Methoden des Konservierens, die zugleich eine erhebliche Veränderung der Konsistenz und des Geschmacks bewirkten. Das Sauerkraut ist gewiß keine rheinische Erfindung, was aber seiner Beliebtheit als Beilage keinen Abbruch tut. Als wesentlich typischer für das Rheinland dürften hingegen die "milchsäurevergorenen Schneidebohnen" gelten, die auch heute noch in fast jedem Supermarkt zu finden sind, die früher aber noch oft selbst hergestellt wurden und als *»Stinkbunne* je nach Geschmack des Essers zum Davonlaufen waren oder zum kulinarischen Himmel auf Erden wurden.

Über all dies (und vieles andere) soll das vorliegende Buch Sie informieren, soll vergessen Geglaubtes in Erinnerung bringen und da und dort auch Denkanstöße geben und Wegweiser zu neuen kulinarischen - durchaus rheinischen - Pfaden sein. Vor allem aber soll es unterhalten, zum Schmökern verleiten, zum Lachen bringen und selbstverständlich die Freude am Essen und Trinken vergrößern.

Voraussetzung für das alles ist die Lust am Genießen, die dem katholischen ("der normale Jlaube") Rheinländer offenbar und nicht zuletzt durch sein römisches und französisches Erbe in die Wiege gelegt worden ist. Und wenngleich sich Großzügigkeit und Toleranz in Redensarten wie "Me moß och jönne könne" ausdrücken, so wird doch andererseits festgestellt: "Et schmeck nix besse wie wat me selver iß!"

Damit kämen wir zu einem wesentlichen, wenn nicht dem wesentlichen Inhalt des "normalen Jlaubens": der Nächstenliebe. Ohne den Exegesen hochgelahrter Theologen vorgreifen oder gar widersprechen zu wollen, muß doch einmal festgehalten werden, daß da geschrieben steht: "Liebe deinen Nächsten wie dich selbst." Wie dich selbst! Dat is et doch! Wie soll dann einer, der sich selvs net rüche kann, imstande sein, seinen Nächsten zu lieben? Der Rheinländer hat dat schon immer jewuß, sojar schon, eh dat ihm vor jut - wat weiß ich - 1500 Jahren oder so quasi der religionswissenschaftliche Hintergrund dafür jeliefert worden ist. Und er hat, wortkarg wie immer, schon damals in seiner bekannt liebenswürdigen Art die Dinge auf den Punkt gebracht:

"E Bieß, wer sich nix jönnt."

Und davor kann gar nicht genug gewarnt werden.

Essen auf gut Rheinisch

Dat es e Leckermüffelche

Es wäre mehr als sonderbar, wenn in einer Sprache, die so bildhaft und reich an Redewendungen ist wie die rheinische, nicht auch des Rheinländers Lieblingstätigkeit, das gute, deftige Essen, ihren gebührenden Niederschlag fände.

Das beginnt schon damit, daß der Vorgang an sich durchaus variabel umschrieben wird. Es fängt mit dem "frinsele" an, das etwa dem hochdeutschen "naschen" entspricht. "Müffele" wäre dann am ehesten das normale, allerdings höchst genüßliche Essen, wohingegen man sich an seinem Leibgericht "vermaache kann".

Doch auch da gibt es noch Steigerungen: "Do kann ich mich dran dut-esse." - Daran kann ich mich totessen - oder sogar, noch deftiger, "dutfresse". ("Dut-esse" muß me übrijens mit Bindestrich schreiben, denn sons denken de Leut - jrad im Rheinland! - dat wär französisch, kucken im Wörterbuch nach, finden et nit un schimpfen dann auf der Autor, der jar nix dafür kann.)

Doch bevor man ißt, hat man natürlich "Hunge wie e Pääd" oder "Hunge bes unger de Ärm" - "Hunger wie ein Pferd" oder "bis unter die Arme". Auch die Bezeichnung "Ich han Schleß" hört man noch gelegentlich.

Doch was gibt es denn nun zu essen? (Dat Trinken, keine Sorge, dat krijen mer später.) Viel sollte es schon sein, und Fleisch müßte eigentlich dazu gehören, denn sonst gäbe es ja nur “Zupp, Jemös un zweierlei Äädäppel” - Suppe, Gemüse und Kartoffeln, die auch dadurch nicht zum Leibgericht der Rheinländer werden, wenn man sie auf zweierlei Art zubereitet.

Willkommener wäre da schon “e Leckermüffelche” - eine Kleinigkeit zwischendurch, auch wenn sie eigentlich nur “jet für ´ne hohle Zann” - etwas für den hohlen Zahn ist. Das könnte zum Beispiel “e Krößje wärm”, “e Krößje Julasch” - ein Krüstchen Gulasch sein. Wobei zu erwähnen wäre, daß dieses Krüstchen keinerlei Bezug zur Brotkruste hat, auch wenn man gelegentlich ein solches Zwischengericht in einem ausgehöhlten Brötchen serviert. Nein, dieses Krüstchen ist von “Kurst gin” abgeleitet, einer spätmittelalterlichen Bezeichnung für einen kleinen Imbiß, der in der Fastenzeit als einziges Abendessen zu sich genommen werden sollte.

Doch wir reden ja nicht von Imbissen, sondern von deftiger, rheinischer Küche und “Hunge bes unge de Ärm”. Da muß es dann schon etwas mehr sein, und man muß nicht den vielzitierten “Halven Hahn” bemühen, um beim Nichtrheinländer völliges Unverständnis auszulösen. Die allseits beliebten Fleischrouladen etwa werden gern als “Vüjjel ohne Köpp” oder “Bäreköttel” bezeichnet, als Bärenkot also oder Vögel ohne Köpfe, eine Benennung, die auch im süddeutschen Raum nicht ganz ungebräuchlich ist, wo man von “Kalbsvögerln” spricht.

Dazu gibt es natürlich reichlich “Äädäppel”, schon wegen der Sauce und, besonders gern im Winter, “Spruute” oder “Sprüütche”, eine Bezeichnung für Rosenkohl, die wohl auf das flämisch-niederländische Wort für "Sprosse" zurückzuführen ist. Wobei, nebenbei bemerkt, man mit "Sprüütche" auch gern ein hübsches Mädchen bezeichnet.

Ebensogut paßt auch der ganzjährig erhältliche Wirsing, dessen rheinischer Name "Schavuur" auch mit viel Phantasie und gutem Willen in keine Beziehung zum hochdeutschen Begriff zu bringen ist. Da muß man schon in klugen Büchern nachsehen, um zu erfahren, daß der "Savoyer"-Kohl Namenspate gewesen ist. Und wenngleich wir das Trinken seiner Wichtigkeit entsprechend gesondert behandeln wollen, so zwingt doch der sprachliche Zusammenhang zu der Feststellung, daß der "Schabau" denselben Ursprung hat und von "vinum sabaudum", Savoyer Wein, abgeleitet ist.

Bei der Gelegenheit kann man auch gleich auf die Unterschiede und Gemeinsamkeiten von "Flönz" und "Blootwursch" zu sprechen kommen. Beides sind heute natürlich Blutwürste, die sich im Wesentlichen dadurch unterscheiden, daß die "Blootwursch" im Gegensatz zum "Flönz" geräuchert ist und deshalb etwas herzhafter schmeckt. Mögen muß man sie deshalb nicht, auch wenn sie in schöner Selbstironie als "Kölsch Kaviar" auf der Karte steht. Und deshalb biete ich Ihnen in meinem Rezept für *»Himmel und Ääd* eine zumindest interessante Alternative.

Die Geringschätzung, die man diesen Wurstsorten entgegenbringt, zeigt sich am ehesten in der Aussage: "Du bes noch ze schlääch für en de Blootwursch." (Du bist noch zu schlecht, um in die Blutwurst zu kommen.) - weder für den so Angesprochenen noch für die "Flönz" ein Kompliment.

Ursprünglich war “Flönz” nämlich eine Mischung von Wurstenden und Abfallstücken, vermutlich noch bis zum 1.Weltkrieg. Diese Reste kaufte man gern für den Hund, auch wenn man gar keinen hatte. Das konnte dann in Kindesmund ungefähr so klingen: “Für zwei Jrosche Flönz für de Hond, ävver keen Fleeschwursch, die maach minge Vatte net!”

Nun gibt es bei aller Liebe zu gutem Essen doch gewaltige Unterschiede in der Form der Nahrungsaufnahme, die je nach Temperament und Hunger sehr beträchtlich sein können. Ein verwöhnter, extrem wählerischer Esser gilt als “schluchisch” oder “verschnupp”, was keinesfalls mit einer Erkältung zu tun hat. Beide Bezeichnungen werden besonders gern auf Kinder angewandt, die zwar für Süßigkeiten immer zu haben sind, aber dann bei den Hauptmahlzeiten lustlos im Essen herumstochern und ständig etwas auszusetzen haben. Früher half es in solchen Fällen meist, wenn die Mutter stillschweigend den Kochlöffel auf den Tisch legte, denn daß der nicht nur zum Kochen verwendet werden konnte, sondern auch “für dat Föttche ze kamesöle” wußte man durchaus.

Doch solch zurückhaltende Esser bilden im Rheinland eher die Minderheit. Zwar gibt es krankheitsbedingt Fälle von Appetitlosigkeit und manchmal eine starke Aversion gegen bestimmte Gerichte, die bis zum Ekel gehen kann, doch das wissen die Betroffenen meist schon vorher. “Wenn ich dat schon senn, krijje ich die jääl Färv!” heißt es dann etwa - “Wenn ich das sehe, bekomme ich die gelbe Farbe.” Da wird unter Umständen der medizinisch durchaus begründete Zusammenhang zwischen allzu fettem Essen und einer durch Leberschädigung hervorgerufenen ungesunden Gesichtsfarbe auf typisch rheinische Weise wieder einmal sehr drastisch auf den Punkt gebracht.

Doch auch nach dem Essen kann sich ein Unwohlsein einstellen, das durch einen doppelstöckigen "Schabau" nicht zu beheben ist. Dann heißt es manchmal: "Ich jlööv, ich han mich an dem Fesch verkäks (verpänz)." Beide Wörter bezeichnen treffend den Zustand, den man empfinden mag, wenn man sich den Magen verdorben und schon während des Essens ein undefinierbares Ekelgefühl empfunden hat.

Doch viel wahrscheinlicher ist, daß man herzhaft zulangt und sich "besser de Mare verrenk wie dem Wiert jet schenk", eine Redewendung, die gerade im fränkisch-bajuwarischen Raum mindestens ebenso gebräuchlich ist.

Von solchem spätbarocken Menschenschlag, der nie genug bekommen kann, sagt man dann - und der Angesprochene mag das eher als Lob denn als Tadel empfinden - "Der freß wie ne Schüüredrescher." Verständlich, denn die Arbeit des Dreschens in der Scheune erforderte viel Kraft und dementsprechende Ernährung.

Doch selbst dazu gibt es eine Steigerung: "Du bes ene richtije Freßklötsch", und damit begibt man sich sogar auf historisch belegtes Gebiet, wie im Kapitel über rheinische Typen zu lesen sein wird.

Wenn jemand nicht nur viel, sondern auch wahllos alles in sich hineinstopft, was er nur bekommen kann, wird die Kritik schon deutlicher hörbar: "Der hät ene Mare wie ne Spölsteen", kann man dann vernehmen, oder auch, noch drastischer: "Der freß och Schohnäjel, wenn se jot jestuuv sen." Zwar ist schwer abzuschätzen, wie Schuhnägel schmecken, auch wenn sie noch so gut geschmort sind, aber in einen Magen wie ein

Spülbecken geht wohl alles hinein. Das Ergebnis ist jedenfalls absehbar: "Dem schlief de Katz de Mare net fott." Ist ja auch kein Wunder, denn so ein schuhnagelgefüllter Magen hat viel zu großes Gewicht, als daß eine kleine Katze ihn wegschleifen könnte.

Auch jene Esser, die das Essen für wichtiger als die Arbeit halten und sich nur dann anstrengen, wenn deftig aufgetischt wird, bekommen - rein sprachlich gesehen - ihr Fett weg: "Der schwitz beim Fresse un friert beim Arbigge!" Auch wenn´s nicht ganz zum Thema gehört: Das sind vermutlich dieselben, von denen es heißt: "Der es net bang für de Arbigg, der läät sich direk donevve!" Neben der Arbeit liegen, das ist ja vermutlich auch das Beste, was man nach so einem anstrengenden Essen tun kann.

Es verwundert bei alledem nicht, daß die Figur des genußvoll essenden "Schmecklekkers" - welch prägnanteres Wort für den Feinschmecker könnte es geben? - dabei ein wenig aus den Fugen gerät. Von Abmagerungskuren und modischem Schlankheitswahn halten die Rheinländer ohnehin nicht viel, und das Wort "Diät" führt nur zu Mißverständnissen, wie die nachfolgende Episode zeigt.

Eine Putzfrau - bleiben wir ruhig bei dieser alten Bezeichnung, was ist denn an dieser Tätigkeit ehrenrührig? - sagt zu ihrer Kollegin: "Ich maache hügg Diät." Worauf diese nickt: "Is juut, dann maache ich de Finstere!"

Übersetzen kann man das leider nicht, da das Wortspiel: Diät - die Ääd (Erde, Boden) dann verloren geht. Aber es beweist doch, daß die Rheinländer bei diesem Begriff an alles andere denken, nur nicht ans Abnehmen. Die Sprache jedenfalls spart die sichtbaren Folgen allzu reichlichen Essens nicht aus und kommentiert sie mehr oder weniger (un-)freundlich.

Eine auf angenehme Weise rundliche Dame bezeichnet man als "Möbbel", versteht sogar "e lecker Möbbelche" als Kompliment.

Etwas drastischer klingt es dann schon bei älteren Vertreterinnen des weiblichen Geschlechts, die "Möhnefett" angesetzt haben. Und wenn sie dann noch "en Fott wie ne buure Bahnhoff" - einen Hintern wie ein bäuerlicher Bahnhof - hat, ist die Grenze zur Beleidigungsklage selbst im Rheinland (fast) erreicht.

Doch Geduld, meine Damen, den sogenannten Herren der Schöpfung ergeht es nicht besser, und auch sie bekommen ihr Fett, das sie zuviel haben, reichlich weg.

Einen dicken Mann als "Quallmann" (Pellkartoffel) - schon wieder so eine schöne, treffende rheinische Namensgebung - zu bezeichnen, mag ja noch angehen. Auch ein: "Der hät allerhand Zeug am Leib" klingt noch erträglich, aber der "Schwammbalg" oder "Schwellbalg" ist ebensowenig als gut gemeint zu bezeichnen wie der "Schwabbelsbuch", der stark ausgeprägte Bierbauch, zumal wenn der mit "Fleutebeen" - dünnen Flötenbeinen - einhergeht.

Körperfülle wird dann besonders auffällig, wenn sie mit geringer Größe verbunden ist. "Kruckstoppe" (Krautstopfen) und "Knubbelefutz" gelten dann ebenso für Vertreter(-innen) beiderlei Geschlechts wie "Föttche an de Ääd" (Popo an der Erde) oder, gar nicht mehr rheinisch nekkend, sondern fast bösartig, "Mölmpupper", wenn beim Ablassen von Darmwinden der Straßenstaub (Mölm) aufgewirbelt wird.

Auch wenn die rheinische Küche ursprünglich eine Arme-Leute-Küche gewesen ist, auch wenn der Zwang zum Sattwerden nur wenige Wahlmöglichkeiten offenließ, so hat man doch immer darauf geachtet, für sein sauer verdientes Geld einen bestmöglichen Gegenwert zu bekommen und sich ein gesundes Mißtrauen gegen minderwertige oder von der Qualität her schwer zu beurteilende Produkte bewahrt. Gerade die Wurst ist dabei immer Gegenstand ironisch verfremdeter Kritik gewesen: "Wuursch es e Herrjottsesse, der alleen weeß, wat dren es!" Und bei den heute zum Teil angebotenen Wurstwaren, in denen alles Mögliche sein darf, nur kein Fleisch, kann man begründete Zweifel hegen, daß selbst Gottes Allwissenheit da noch Rat wüßte.

Auch die Qualität des Fleisches wird streng begutachtet, zumal in früheren Zeiten, als das Geld gerade für einen Sonntagsbraten reichte, der dann aber "joot avvjehange" (gut abgehangen) sein mußte und nicht zuviel "Knoosch" (Knorpel) enthalten sollte. Und schon gar nicht durfte er zäh sein, wollte er nicht empörten Widerspruch auslösen.

"Herr Schmitz, der Broode, der Se mir jestere verkoof han, der wor esu zäh, do hätt me de Schoh met besohle könne!"

Der Metzgermeister fühlte sich in seiner Ehre gekränkt und reagierte unwirsch auf die Beschwerde: "Un woröm hat Ihr et dann net jedonn?"

Doch damit geriet er bei seiner Kundin an die Falsche: "Minge Mann hät et jo probiert, ävver de Näjel jinge net durch!"

(Herr Schmitz, der Braten, den Sie mir gestern verkauft haben, war so zäh, da hätte man die Schuhe mit besohlen können. - Und warum habt Ihr es dann nicht getan? - Mein Mann hat es ja versucht, aber die Nägel gingen nicht durch.)

Auch das tägliche Brot muß hohen Ansprüchen genügen, darf vor allem nicht "tätschig" (pappig, breiig, klebrig) sein, sondern muß eine lockere, gut ausgebackene Krume haben. Doch Vorsicht! Allzu viele Backtriebmittel oder zu hohe Backtemperatur, die das Brot übermäßig aufgehen lassen, sind auch nicht erwünscht. Das erweckt den - durchaus unbegründeten - Verdacht, daß man zuwenig Brot fürs Geld bekommt, und daß der Bäckermeister zu eben diesem Zweck seinen Lehrjungen hat durchs Brot kriechen lassen. "Der Bäcker hat singe Liehrjung durch et Bruud jejaach."

Lebensmittel, die nicht mehr ganz frisch sind, um es vorsichtig auszudrücken, und die man für den Verzehr kaum noch empfehlen kann, gelten als "fimpschich", angefaultes Obst insbesondere als "fukackich", wohingegen unreife Früchte "schlih Zäng" (stumpfe Zähne) machen, ein Empfinden, das passionierte Rotweintrinker auch von der Gerbsäure in noch zu jungen Weinen kennen.

Nun kann nicht verheimlicht werden, daß es auch im Rheinland gelegentlich Menschen gibt, für die etwas andere Vorstellungen vom Essen und der damit verbundenen Bewirtung von Gästen gelten. Da gibt es dann nicht deftig und viel zu genießen, der Mangel an Aufgetischtem wird durch vornehmes Getue überdeckt. Doch damit haben die Gastgeber bei den meisten Rheinländern schlechte Karten.

Allzu gering bemessene Portionen werden dann ungeniert mit: "Die han de Nase net jezällt." (Die haben die

Nasen nicht gezählt, also die Zahl der Gäste falsch eingeschätzt.) kommentiert. Und wenn die Platten allzuschnell blankgefegt sind und die letzten Gäste buchstäblich ins Leere schauen, heißt es ebenso unverblümt: “Nix es joot en de Oore, ävver schlääch em Mare.” (Nichts ist gut in den Augen, aber schlecht im Magen.)

Welch eine Freude, wenn dann zu später Stunde wenigstens noch ein Mitternachtssüppchen serviert wird, das aber leider der Verkleinerungsform nur allzu gerecht wird. Die Enttäuschung darüber wird dann unüberhörbar: “Dat es en stolze Zupp, die luurt eene met keenem Ooch aan!” (Das ist eine stolze Suppe, die sieht einen mit keinem Auge an.) Noch kürzer und prägnanter heißt es auch: “Vill Zupp un winnich Oore.” (Viel Suppe und wenig Augen) - eine Redensart, die man auch im Sinne von: “Viel Lärm um nichts” übertragen anwendet. Und da wir gerade bei Übertragungen sind: Auch wenn diese Küchenkräuter eigentlich gar nichts mit der Sache zu tun haben, werden sie als Ausdruck der Verwunderung oder Ungeduld gern einbezogen: “Do soll me doch de Pitterzillich (de Pimpernell) krijje.” (Da soll man doch die Petersilie (Pimpernelle) kriegen.) Vielleicht ist das schnelle Wachstum dieser Kräuter die Ursache für diesen Vergleich, weil sie in der Zeit des Wartens schon längst zu voller Pracht gediehen wären.

Es kann nicht verhehlt werden, daß dem genußvollen Essen auch eine Kehrseite gegenübersteht, und in der ihm eigenen Freizügigkeit nimmt der Rheinländer auch da kein Blatt vor den Mund - oder wovor auch immer - und nennt die Dinge ungeniert beim Namen. Empfindsameren Gemütern kann ich daher nur empfehlen, die folgenden Zeilen gar nicht oder zumindest nicht unmittelbar vor dem Essen bzw. Einschlafen zu lesen.

Da wird zunächst ganz richtig festgestellt: "Käue und däue hält de Minsch am Levve." (Kauen und drücken (verdauen) hält den Menschen am Leben). Dem kann man ebensowenig widersprechen wie der Aussage: "Kacke un pisse kann keene misse." Muß man das übersetzen? Ich glaube nicht. Das Rezept für einen geregelten Ablauf dieser Vorgänge wird jedenfalls gleich mitgeliefert: "Bunne für de Klang, Öllsch für de Stank, Druuve für de Drang und Prumme für de Jang." (Bohnen für den Klang, Zwiebeln für den Gestank, Trauben für den Drang und Pflaumen für den Gang.) Doch bevor es so weit ist, muß erst einmal gegessen werden, und da gelten auch im Rheinland Tischregeln, die jedoch, wie immer, nicht ganz ernst genommen werden. Das Tischgebet ist sicher nicht mehr allgemein üblich, doch man könnte wenigstens "Guten Appetit" wünschen. Vergißt man das, wird man ermahnt: "Me jeht net aan de Desch wie en Sau aan de Troch." (Man geht nicht an den Tisch wie eine Sau an den Trog.) Ein allzu herzhafter Rülpser wird ungerührt getadelt: "En Sau es satt." (Eine Sau ist satt.) Doch es gibt auch Verständnis: "Besser e Ferkel övver em Desch wie unger em Desch." (Besser ein Ferkel über dem Tisch als unter dem Tisch.) Denn so eine Blähung - auf gut Rheinisch "Futz" - könnte sich doch als erheblich störender erweisen als der nach oben gehende Magenwind.

Doch auch der umgekehrte Kommentar wäre denkbar, wenn so ein unteres Abgas zwar hörbar wird, sich aber nicht appetitstörend mit den Essensdüften mischt. Wie immer es auch sei, der ertappte Übeltäter wird leicht eine Ausrede finden: "Besser en de wigge Welt wie em enge

Buch!" (Besser in der weiten Welt als im engen Bauch.) Das bewahrt ihn aber nicht vor dem unwiderruflichen Urteil: "Heeblieve! Metjeroche!" (Hierbleiben! Mitriechen!)

Wenn die Speisenfolge derart war, daß entsprechende Abgase fast unvermeidlich sind, "möff et" (stinkt es) nach einer Weile ganz beachtlich, ein Zustand, der den Anwesenden vielleicht erst auffällt - man gewöhnt sich ja an alles - wenn ein Neuankömmling mit feiner Ironie feststellt: "Hee rüsch et noh Minsche!" (Hier riecht es nach Menschen!)

Für die weitere Entsorgung gibt es auch im Rheinland die allgemein üblichen, bekannten und deshalb nicht weiter erwähnenswerten Einrichtungen. Da gibt es auch in der Wortwahl wenig, das typisch rheinisch wäre und zudem noch heute gebraucht wird. Am ehesten hört man noch "Abee" - abgeleitet von Abort - seltener "Abtrett". Durchaus gebräuchlich ist dagegen der "Abtrettsdeckel" in Vergleichen wie - und da wären wir wieder beim Essen - "nem Pannekoche (Pfannkuchen) oder nem Kotelett jruuß (groß) wie ne Abtrettsdeckel".

Wesentlich auffälliger ist hingegen, wenn die Abfallentsorgung auf ungewöhnlichem Wege stattfindet. Da bekommt jemand, dem es übel geworden ist, den schwachen Trost zu hören: "Wat me kotz, dat bruch me net ze drieße." (Was man kotzt, braucht man nicht zu scheißen.)

Und richtig schön fies wird es dann, wenn man anschließend Dritten gegenüber hämisch feststellt: "Dä hät et Aaschloch jeschont un övver de Zung jedresse." (Der hat das Arschloch geschont und über die Zunge geschissen.)

Am Rande erwähnt sei noch, daß Begriffe rund ums Essen und Trinken auch da verwendet werden, wo Ernährung auch im weitesten Sinne keine Rolle spielt. Als Beispiel sei nur genannt: "Ihr hat wohl ene Rievkooche an de Düür." (Ihr habt wohl einen Reibekuchen an der Tür.), dann gebraucht, wenn jemand vergißt, die Tür zu schließen.

Ein Stück derber rheinischer Volkspoesie sei noch angefügt, das die zuvor besprochenen Themen und noch einige mehr erfaßt und im Rahmen eines Wochenverlaufs eine ganze, kleine Welt entstehen läßt, sozusagen die Lebensgrundlage des einfachen, armen Mannes:

Samsdachs krijje mer Jrosche,
Sonndachs jomme eruss.
Moondachs wird dann blau jemaat,
un Diensdachs schloofe me us.
Mettwochs wird jedresse medden op de Desch,
Donnerstags wird die Ahl jepopp,
un Friedachs jitt et Fesch.

Rheinische Typen und Originale

Du bes ene richtije Freßklötsch

Keine Angst, dies soll kein neuer Versuch sein, in die Vielfalt rheinischer Individualisten so etwas wie Ordnung zu bringen und schon gar kein Ansatz zu einer rheinischen Typologie werden. Typen und Originale interessieren uns auch nur insoweit, als sie mit Essen und Trinken in Zusammenhang stehen und zum Verständnis rheinischer Wesensart notwendig sind.

Rheinländer wissen es, und Nicht-Rheinländern mag schon aufgefallen sein, daß von dritten Personen im Bekanntenkreis mit dem Nachnamen und dem daran angehängten Vornamen gesprochen wird, so vom "Beckers Dei" (abgeleitet von Theodor) oder "Schmitze Köbes" (Jakob). Sehr viel häufiger wird allerdings im Freundeskreis ein meist körperliches Charakteristikum anstelle des Vornamens gesetzt. Da hört man dann: "Schäfers Nas", "Meiers Pläät" und - was wiederum mit dem vom Essen und Trinken verursachten Aussehen zu tun hat - "de Schohmachers Schmal" oder "de Breuers Blos" (Blase - für einen dicken aufgeschwemmten Menschen). Auch die vom allzu reichlichen Trinken verursachte, leicht ins Bläuliche gehende rote Gesichtsfarbe dient als Namenspate, "de Wirtze Blö" muß sich so bezeichnen lassen, wobei das Wort vom französischen "bleu" für "blau" herrührt und demzufolge mit geschlossenem "ö" auszusprechen ist.

In einer Gruppe, in der man sich sehr gut kennt, unter langjährigen Freunden oder am Stammtisch etwa, kann man sogar auf den Namen verzichten und sich auf das Wesentliche beschränken. Man spricht nur noch von "der Nas", "dem Schmal" oder "der Aap". Damit wären wir bei einem rheinischen, genauer gesagt, kölschen Original, der "Müllers Aap". Dies ist - wohlgemerkt - der Dativ, denn im ersten Fall heißt es "die Aap", und unter diesem Namen war der Kölner Boxer auch schon stadtbekannt, bevor er einen Ringrichter k.o. schlug.

Jetz fragen Se mich mit Recht, wat hat dat mit Esse un Drinke ze tun, mal davon abjesehn, dat en rohes Steak jut jejen blaue - blaujehauene! - Augen sein soll, net wenn me et iß, sondern drauftut.

Geduld, meine Lieben, das kommt schon noch. Nach dem Ende seiner sportlichen Karriere nämlich führte "die Aap", der übrigens auch einen richtigen Namen, Peter

Müller, hatte, einen kleinen Gemüseladen, der sich vor allem dadurch auszeichnete, daß die Auslage vor der Tür etwas absonderlich gestaltet war. Zwischen Salat- und Kohlköpfen, Gurken, Kartoffeln und anderen weniger edlen Gemüsen steckten nämlich leuchtend rote Birnen und Äpfel, gelbe Bananen und anderes Obst, das die Jahreszeit hergab. Dies geschah nicht etwa aus dekorativen Gründen, obwohl das hübsche Bild sicher auch viele Kunden zum Kauf anregte.

Nein, es steckte die "finstere Absicht" dahinter, Kinder anzulocken .... sie dann einzufangen und in den Ofen zu stecken! Gemach, gemach, wir sind nicht bei den Brüdern Grimm, und "die Aap" war keine männliche Hexe. Er mochte die "Pänz" lieber quicklebendig und auch da ohne irgendwelche fiesen Hintergedanken. Die lieben Kleinen aus der Nachbarschaft wurden so verleitet, das lockende Obst zu stibitzen, worauf der Ladeninhaber in

der Tür erschien und drohend die mächtige Faust schüttelte, was seine kleinen Freunde mit einem lachend herausgekreischten: "Die Aap!" davonstieben ließ. "Die" dachte allerdings nicht im Traum daran, den Übeltätern nachzulaufen, um ihnen "dat Föttche ze verkamesöle", nein, Peter Müller machte sich grinsend daran, das entfernte Obst durch neues zu ersetzen, damit weitere "Mundräuber" eine Chance hatten - ein Spiel, dessen beide Seiten nie müde wurden.

Da wir nun schon Namen genannt haben, wäre es an der Zeit, auf den bereits genannten "Freßklötsch" zu sprechen zu kommen, der sprichwörtlich zum Synonym für gewaltige Esser geworden ist.

Es gab ihn wirklich! Als Johann Arnold Klütsch im Jahre 1775 geboren, war er allerdings kein monströser Vielfraß, zu dem ihn die eingangs zitierte Redewendung zu machen scheint, sondern ein geachteter Mann.

Aus einfachem Umfeld stammend und zunächst als Lastenträger und Abdecker (Abdekken = Töten von Pferden und das Verwerten des Kadavers) tätiger Schwerarbeiter erlernte er selbständig das Schreiben und Lesen, eine außergewöhnliche Leistung für die damalige Zeit. Dies befähigte den auch sonst sehr aufgeschlossenen Mann, als unentbehrliches Faktotum des fanatischen Kunstsammlers Ferdinand Franz Wallraf nicht nur schwere Möbelstücke, sondern auch soviel Wissen zusammenzutragen, daß er später als Antiquitätenhändler und Gutachter wirken konnte, bis er hochgeachtet im Jahre 1845 starb.

Die Natur hatte ihn wohl mit einem gewaltigen Körper ausgestattet, die schwere körperliche Arbeit tat das ihre dazu, ihn mit dem entsprechenden Appetit zu versehen. Vieles von dem, was man über ihn erzählte, war sicherlich dennoch maßlos übertrieben. So soll er einmal aus Ärger über Zollabgaben, die er am Kölner Stadttor dafür hätte entrichten sollen, vor den Augen der Zöllner zwei ganze Schinken verzehrt haben, ein anderes Mal sei ein ganzes Rad Holländer Käse das Opfer seines Zorns über die hohen Abgaben geworden.

Andererseits: Weil doch da der "Halve Hahn" noch ja net erfunden war - wat hätt der denn auch sons met all dem Käs machen sollen?

Auch ein komplettes Essen für 24 Personen mußte dran glauben, als er zu früh zu einer Gesellschaft kam und die anderen Herren allzulange auf sich warten ließen - jedenfalls will es so die Legende.

Da seine Trinkfestigkeit seinem Eßvermögen entsprach, wurde er zum Symbol hemmungsloser Völlerei, zumindest im Rheinland und, wie es ja schon fast selbstverständlich ist, keineswegs nur in tadelnder Absicht. Die Bemerkung: "Du bes jo ne richtije Freßklötsch" dürfte jedenfalls von vielen guten Fress ... pardon, Essern durchaus als Kompliment verstanden werden.

Eine auch noch so kurz gefaßte und bewußt eingeschränkte rheinische "Typenlehre" kann unmöglich an Tünnes und Schäl vorübergehen, den wohl bekanntesten Repräsentanten des Rheinlandes und insbesondere Kölns. Deren Beziehung zu Essen und Trinken ist allerdings etwas einseitig und wird im Kapitel über die flüssige Nahrungsaufnahme eingehender behandelt. Hier soll uns zunächst nur die völlig entgegengesetzte Wesensart der beiden interessieren.

Tünnes, der es nicht einmal zu einem Spitznamen bringt ("Tünnes" ist die rheinische Form von Anton), ist ein einfältiger, im Grunde gutmütiger Mensch, familienverbunden und hilfsbereit, weiß oft selbst nicht, was er will und ist deshalb umso leichter zu beeinflussen. Jut, jut, de Arbeit hatte net jrad erfunden, un er steht lieber an de Thek un petsch (trinkt) sich einen. Aber - sin me doch mal ehrlich - wer tut dat net?

Von ganz anderer Art ist sein Freund Schäl, dessen Name schon deutlich macht, daß er nicht nur ein bißchen falsch schaut, sondern schon so, "datte met dem rächte Ooch en de linke Täsch luure", also mit dem rechten Auge in die linke Tasche sehen kann. Er ist nicht wirklich intelligent, aber durchtrieben, intrigierend, ist dabei nur vordergründig freundlich, eher ein Süßholzraspler, der auch zur Hinterlist neigt, kurz: ein nicht eben liebenswerter Mensch, oder, auf gut rheinisch: “ene fiese Möpp”.

Was ihn - außer seiner Trinkfestigkeit, die der des Tünnes nicht nachsteht - in diesem Zusammenhang wichtig macht, ist die Tatsache, daß er damit in die Kategorie der “Jrielächer” gehört, zumindest einen Teilaspekt verkörpert, die vielleicht weniger angenehme Variante. Denn zunächst einmal ist der “Jrielächer” ein Spötter, der nichts so richtig ernst nimmt und immer bereit ist, zu lachen, vor allem auf Kosten anderer.

In der Vorsilbe “jrie” (grie) sind die Wörter “grinsen” und “greinen” (weinerlich den Mund verziehen) zu erkennen; “Laache” erklärt sich wohl von selbst, womit der Begriff “Jrielaache” kein Geheimnis mehr wäre. Doch es steckt eben mehr dahinter als nur die Freude am verschmitzten, spöttischen Lächeln. “Jrielächer” ist Ausdruck einer Lebenseinstellung, die von harmloser Schadenfreude über einen gelungenen Streich bis hin zu boshafter Lust reicht, die Mitmenschen zu hintergehen und ernsthaft zu schädigen.

Ein solcher “Jrielächer” war dem Vernehmen nach jener Wilhelm Vierkötter, der den “Halven Hahn” erfunden haben und damit seine Gäste gefoppt haben soll. Und wenn seine Scherze alle von dieser Art waren, dürfen wir getrost vermuten, daß er zu den angenehmeren Vertretern seiner Art gehörte.

Damit wollen auch wir uns Angenehmem zuwenden: Endlich jitt et jet ze müffele!

Das kulinarische Dreigestirn

"Rievkooche", "Himmel un Ääd" un "Halven Hahn"

Drei Begriffe, die dem Nichtrheinländer zunächst einmal gar nichts sagen, ihn, soweit er sie denn rein sprachlich versteht, höchstens in die Irre führen, bilden so etwas wie die Säulen, die den rheinischen Tempel der Essenslust tragen. Wenngleich ihre Ursprünge - den "Halven Hahn" einmal ausgenommen - wie üblich bei volkstümlichen Gerichten im Dunkeln liegen, darf man wohl als sicher unterstellen, daß sie ihre Wurzeln im Rheinland haben und nur dort auch häufig oder gar regelmäßig die Speisekarten der im besten Sinne des Wortes einfachen bürgerlichen Gaststätten zieren. Dabei ist das etwas aufwendigere Gericht "Himmel un Ääd" eher selten zu finden, vielleicht auch, weil "Blootwuursch" heute nicht mehr jedermanns Geschmack trifft, und der "Halven Hahn" ist eigentlich nur ein kleiner Imbiß zum Bier, so daß wir uns zunächst dem allseits beliebten Reibekuchen zuwenden wollen.

Der Rievkooche alias "Pizza Colonia"

Reibekuchen gibt es auch in anderen deutschen Landen, in Bayern führt er als "Reiberdatschi" ein bescheidenes Leben, und auch der Berliner "Kartoffelpuffer" (wie dat schon klingt!) spielt in der dortigen Küche keine allzu große Rolle. Seine Schweizer Vettern, die Röstis - der Berner aus gekochten, der Züricher aus rohen Kartoffeln (oder war dat jetz jenau anderserum?) - sind zu einer fast schon universellen Beilage geworden, und in Frankreich - und da nicht nur im Elsaß - kennt man ähnliches als "Galettes de pommes de terre".

Auch die rheinische Küche kennt einen Verwandten, der eher von den Röstis abzustammen scheint, da auch er aus grob geraffelten Kartoffeln besteht: den "Pillekooche".

Doch was den anderen Beilage zu was auch immer sein mag, ist den Rheinländern Haupt-, Leib- und Magengericht. Nirgendwo sonst findet man an jeder, na ja fast jeder Straßenecke "en Rievkoochebud", und eine rheinische Kirmes oder vergleichbare Veranstaltung wie etwa die Weihnachtsmärkte wäre ohne einen, mehrere oder gar viele Verkaufsstände frischgebackener Reibekuchen von vorneherein zum Scheitern verurteilt. Welchen Stellenwert die "Rievkoochebud" dabei einnimmt, zeigt die schon seit Jahren in den Medien mit einiger Heftigkeit geführte Auseinandersetzung um den Stand vor dem Kölner Hauptbahnhof, der, auch wenn er architektonisch nicht in das städtebauliche Konzept passen will, für die "Kölsche" einfach unverzichtbar zu sein scheint.

Die Ursprünge des Reibekuchens liegen im Dunkel der Geschichte verborgen, niemand kann auch nur annähernd sagen, wann die ersten gebacken wurden. Sicher, Sie werden jetzt sagen, dat kann doch frühestens wie der Kolumbus Amerika .... un dann der Alte Fritz, der die Kartoffel erst in Deutschland heimisch jemacht .... wann war dat doch noch?

Jut, kann sein, dat et so war - me weiß et net. Und von

wegen “entdeckt”? Wie kann man denn ein Land oder einen Erdteil entdecken, wo schon Menschen leben? Sagen mir mal, Kolumbus hat Amerika für die Europäer entdeckt, wenn auch aus Versehen, aber halt, dat stimmb ja auch net, da jab et doch die Wikinger Leif Erikson und Erik den Roten un wat weiß ich wer sons noch alles. Jut, der Kolumbus hat dat net jewuß, sons wär er ja jleich nach Amerika abjedampf und net nach Indien, aber wissen mir denn, ob die Wikinger nich schon die Kartoffel ...., ich mein´, is doch eijentlich ´n janz praktisches Jemüse für so ´ne lange Seereise. Und über die Hanse is die Kartoffel - dat heiß, damals eben der Äädappel - dann nach Kölle jekommen, und wat haben die da draus jemacht?

Richtich: Rievkooche!

Im späteren Mittelalter, als dat mit der janzen Kultur sowieso en bißjen de Berg eravvjejange is, da ist dat auch mit dem Rievkooche in Verjessenheit jeraten, un der is dann erst so nach, wat weiß ich, sage mir 1750 - jenau, der alte Fritz - wieder aus der Versenkung jeholt worden.

Un ich mein´, et wär einige Zeit später jewesen, als dat Ensemble vom Teatro San Carlo di Napoli im damaligen Kurtzschen Theater auf dem Neumarkt, wo immerhin schon für 3000 Leut drin Platz jewesen is, en Jastspiel jejeben hat. Un bei der Jelejenheit haben die dann der Rievkooche kennenjelernt, un wie se wieder nach Neapel jekommen sin, wollten se dat auch machen, weil et so lecker war.

Nun haben et die Italiener ja net eso mit der Kartoffel, un se wußten vielleicht auch dat jenaue Rezept net, nur, dat et wat flaches Jebackenes war mit wat drauf, und auf einmal war de Pizza erfunden.

So jesehn müßt et ja eijentlich Rievkooche Napolitano heißen, denn wat zuerst da war ... aber andererseits, wat soll me da jroß Theater drum machen, un me weiß et ja auch net eso jenau ...

Fest steht jedenfalls, daß die preiswerten Zutaten, ihre geringe Zahl und die wenig aufwendige Vorratshaltung den Reibekuchen zum idealen Arme-Leute-Essen gemacht haben, das zudem noch die Möglichkeit eines bescheidenen Zubrots bot, indem man die Ergebnisse heimischer Kochkunst durch Türen und Fenster den Passanten anbot. Fast schon legendär waren die heutigen Schemmer- und Schartgasse südlich des Neumarkts als "Rievkoocheallee". Der selbst heute bei einigermaßen neutralem Öl noch sehr starke und lang haftende "Duft", der mit dem Backen verbunden war, dürfte damals nahezu unerträglich gewesen sein, da man meist das ebenso billige wie geruchsintensive Rüböl verwendet hat, wenn es denn nicht sogar, wie hartnäckige Gerüchte wissen wollen, Pferdefett gewesen ist.

Die Geruchsentwicklung ist - neben der damit verbundenen Handarbeit - wohl heute der Grund, daß auch in bodenständigen rheinischen Wirtschaften und Kneipen meist nur noch einmal wöchentlich Reibekuchen angeboten wird. Der Freitag als traditionell fleischfreier Tag bietet da die beste Gelegenheit, den (hoffentlich) hausgemachten Reibekuchen im Dreierpack, von Schwarzbrot mit Butter und (ebenfalls hoffentlich) hausgemachtem Apfelkompott begleitet, den Gästen vorzusetzen.

Und wenn denn doch Zweifel bestehen sollten, daß alles mit rechten Dingen zugeht und man befürchten muß, daß vorgefertigte Produkte verwendet werden, sollte man entweder die Stammkneipe wechseln oder sich selbst an die Arbeit machen.

Allzuviele Zutaten braucht man nicht, sie dürften ohne Mühe zu beschaffen sein, wenn sie nicht ohnehin im Haushalt vorrätig sind. Auch das Rezept ist ganz einfach, nur über die Frage der Menge könnte man streiten.

Da gibt es Rezepte, die beginnen mit: 1 kg Kartoffeln ...

Jut, kann sein, die Autoren sin Junggesellen oder haben jrad keinen Hunger. Aber wieso machen sie dann ausjerechnet Rievkooche? 1 kg Kartoffeln, dat is doch wat für ´ne hohle Zahn.

Also, wir nehmen (mindestens) 5 kg Kartoffeln und 1 kg Zwiebeln, dazu etwas Mehl, abhängig vom jahreszeitlich bedingten Wasser- und Stärkegehalt der Kartoffeln, ziemlich viel Salz und so 4-6 Eier, oder, wenn Sie´s besonders sämig haben wollen, die doppelte Stückzahl von Eigelb. Dann stehen Sie natürlich vor der Frage: Wat mach ich jetzt mit all dem Eiweiß? Zum Wegschütten is et doch wirklich ze schad! Ich hätte da ein paar Tips für Sie, die Sie unter *»Makronen* und *»Mousse au chocolat* finden.

Doch zurück zu unseren Reibekuchen. Was wir sonst noch brauchen, wäre ein einfaches, geschmacksneutrales Öl, eine große Pfanne, einen oder zwei Pfannenwender und einen Rost, Kuchengitter oder ähnliches zum Abtropfen. Ja, und natürlich eine nicht zu feine Reibe, auf der Kartoffeln und Zwiebeln grob gerieben werden. Es geht auch mit der Küchenmaschine, aber die richtige Struktur der Reibekuchen ... na ja, vielleicht ist das auch nur eine Sache der Einbildung.

Die fertig geriebene Masse wird nun in eine große Seihe gegeben, damit überschüssiges Wasser abtropfen kann. Während wir in der Pfanne schon reichlich Öl sehr stark erhitzen (das dauert!), verrühren wir in der Schüssel die Eier mit Mehl und Salz, geben dann die abgetropfte Reibekuchenmasse hinzu, vermengen alles gründlich, prüfen vielleicht mit dem Finger schon den Salzgehalt und geben dann mit einem Löffel den Teig in die Pfanne, drükken ihn ein wenig flach und backen ihn von beiden Seiten knusprig. Über die Dicke der Rievkooche kann man, sollte man aber nicht streiten, das ist nur eine Frage der persönlichen Vorliebe. Die fertigen Reibekuchen sollten dann auf einem Gitter etwas Öl abtropfen lassen und dabei wenigstens ein bißchen abkühlen, wenn auch die Versuchung groß ist, den ersten ganz frisch aus der Pfanne zu essen, selbst auf die Gefahr hin, daß man sich dann garantiert "de Schnüss verbrennt".

Über Beilagen wurde schon gesprochen, außer Apfelkompott bieten sich auch Apfel- und Rübenkraut an und darüber hinaus sind der Phantasie kaum Grenzen gesetzt. Mit Brot sollte man allerdings vorsichtig sein, nicht, weil es nicht passen würde, sondern weil es Platz wegnimmt für weitere Reibekuchen.

Wenn Sie unbedingt Lachs, Kaviar oder andere Leckerbissen der gehobenen Küche zum Reibekuchen servieren wollen, schlage ich Ihnen eine verfeinerte Variante des Reibekuchens vor, die Sie im Rezeptverzeichnis unter *»Sterne-Reibekuchen* finden. Vor allem bei dieser Zubereitung empfehle ich die Verwendung von Ascorbinsäure (Vitamin C), die Sie recht preiswert in Apotheken erwerben können. Dieses Pulver verhindert die Verfärbung von

Kartoffel- und Apfelgerichten und ist in diesem Fall besonders wichtig, weil man dann den Teig vorbereiten und kühlstellen kann, bis die Gäste kommen. Zu diesen lokkeren, leicht soufflierten Reibekuchen und seinem edlen Belag dürfen Sie dann auch von Champagner bis zu kräftigen Weißweinen so ziemlich alles trinken, was Ihnen schmeckt, wohingegen zum echten Rievkooche das Kölsch einfach konkurrenzlos ist.

Eine hübsche kleine Geschichte, e richtisch Verzällche, soll dieses Kapitel abschließen. Es spielt in der frühen Nachkriegszeit, vermutlich gleich nach der Währungsreform, als das neue Geld noch sehr knapp war, vor allem für kleine Jungen. Aber Kartoffeln gab es schon und auch Rievkoochebude. An einer solchen stand ein kleiner Junge von vielleicht acht oder neun Jahren und schaute sehnsüchtig auf das Schild, das da "3 Stöck für 1 Mark" anpries. Das Wasser lief ihm bei dem verheißungsvollen Duft dermaßen im Mund zusammen, daß er fast in Gefahr geriet zu ertrinken, während vor seinen Augen ein Stapel Rievkooche nach dem anderen an hungrige Kunden verkauft wurde. Schließlich, als der Andrang etwas nachließ, pirschte er sich an die Bude und fragte die Verkäuferin treuherzig: "Saat ens ... wat koß dann eene?" "För dich drei Jrosche!" war die freundliche Antwort. Hoffnung keimte auf, doch auch eifrigstes Suchen in allen Hosentaschen brachte nicht mehr als 17 Pfennige zusammen. Ein zufällig vorbeikommender Freund konnte auch nur ein 5-Pfennig-Stück beisteuern; es reichte einfach nicht für den ersehnten Leckerbissen.

Da fiel der Blick des Jungen auf einen älteren Herrn, der aus geringer Entfernung verständnisvoll schmunzelnd zugesehen und im Geiste schon sein Portemonnaie gezückt hatte. Der Kleine faßte sich ein Herz und schaute ihn voll kindlichen Vertrauens an: "Saat, leeven Här, hat Ihr vielleich ene Jrosche für mich?" Natürlich bekam er seinen Groschen, rannte strahlend zur Rievkoochebud, wo er mit einem ganz frisch gebackenen, extra großen Reibekuchen für sein langes Warten entschädigt wurde, den er auf seinen kleinen Händen vorsichtig balancierend zunächst seinem Freund anbot: "Dä ... darfs ens bieße!" Der tat das nur zu gern, auch wenn er sich dabei etwas de Schnüss verbrannte, dann schaute der Junge zu dem großzügigen Spender des Groschens, zögerte kurz und trabte dann auf ihn zu. Auf einer nicht ganz sauberen Handfläche bot er ihm die restlichen zwei Pfennige an, mit der anderen Hand den Reibekuchen. "Ihr dörft e jrüßer Stöck avbieße wie der Pitter! Ihr hat jo mih dobeijedonn!"

Überflüssig zu sagen, daß der ältere Herr von diesem Angebot nur bescheidenen Gebrauch machte und auf die Rückgabe der Pfennigstücke verzichtete. "Aber", so erzählte er mir später, "noch nie hat mir ein Reibekuchen so gut geschmeckt wie dieser!"

Himmel un Ääd - der Himmel auf Erden?

Es ist allgemein bekannt, daß die katholischen Rheinländer sehr gute Beziehungen zu den himmlischen Heerscharen haben - wenngleich auch manchmal weniger gute zu deren irdischen Vertretern. Dennoch bleibt es höchst fraglich, ob aus dieser Konstellation das unzweifelhaft rheinische Gericht entstanden ist, das keinerlei Ähnlichkeit mit irgendeiner anderen auf europäischen Speisekarten zu findenden Spezialität aufweist.

"Himmel un Ääd" ist wiederum ein typisches "Arme-Leute-Essen" und vielleicht aus dem Versuch entstanden, in das tägliche Pellkartoffel-Einerlei etwas Abwechslung zu bringen. Aber es mag auch sein, daß man Äpfel aus dem eigenen Garten verwendet hat, um die Masse der käuflich erworbenen Kartoffeln zu vergrößern und somit mehr hungrige Mäuler zu stopfen. Das alles wurde dann vermutlich in einem - dem einzigen - Topf zu einem undefinierbaren Brei ge- oder, besser gesagt, zerkocht, der dementsprechend geschmeckt haben dürfte, zumal die gebratene Blutwurst dazu bestenfalls an hohen Feiertagen gereicht werden konnte.

Das alles sind keine guten Voraussetzungen, diesem Gericht heute eine kulinarische Wiedergeburt zu bescheren. Im Gegensatz zum Rievkooche ist es auch in urkölnischen Wirtschaften nur noch selten zu finden. Dabei sollte es heute selbstverständlich sein, daß Kartoffeln und Äpfel getrennt gekocht werden und daß man sie dann vermischt dem Gast vorsetzt oder beide Zutaten getrennt anbietet, damit man sich am Tisch eine dem persönlichen Geschmack entsprechende Mischung herstellen kann.

Ein weiteres Problem ist die gebratene Blutwurst mit Zwiebeln, die untrennbar mit "Himmel un Ääd" verheiratet zu sein scheint, die aber sicher nicht jedermanns Geschmack ist. Und da wir doch in einer freizügigen Zeit leben: Wie wär´s mit einem kleinen Seitensprung?

Dabei wollen wir durchaus in der Familie bleiben, uns darauf besinnen, daß die Wurzeln der rheinischen Küche sicher in unserer römischen Vergangenheit zu finden sind und verwenden deshalb nicht nur italienische Produkte, sondern auch Zubereitungsmethoden.

Die Kartoffeln (vorzugsweise mehlige) werden wie gewohnt gekocht und nach dem Abgießen und Ausdämpfen zerstampft, dann jedoch nicht nur mit Milch, sondern mit Olivenöl (extra vergine) und Milch zu gleichen Teilen verrührt, bis sich ein nicht zu dünnes Püree ergibt, das durchaus noch kleine Kartoffelstücke enthalten darf.

Die Äpfel werden gewaschen, geschält, geviertelt und entkernt. Aus den Schalen und Kerngehäusen wird unter Zugabe von etwas Wasser ein Sud gezogen, der später durch ein Sieb über die in Würfel oder Scheiben geschnittenen Äpfel gegeben wird. Diese werden nun gerade so lange gekocht, daß sie ihre Form noch etwas behalten und nicht zu Kompott zerfallen.

Die entscheidende Veränderung zum traditionellen Rezept ergibt sich in der Wahl der Beilage. Statt der üblichen gebratenen Blutwurst mit Zwiebeln nehmen wir Kalbs- oder Geflügelleber; es darf natürlich auch Kaninchen- oder Lammleber sein, die erfahrungsgemäß allerdings schwerer zu beschaffen sind. Zwiebeln werden geschält, halbiert und dann in Scheiben geschnitten. In einen kalten Topf wird Butter und trockener Weißwein gegeben, die Zwiebeln werden hinzugefügt, leicht gepfeffert und gesalzen und dann bei kleiner Hitze mindestens 30 Minuten geköchelt, bis sie weich sind. Dabei muß ggf. immer wieder etwas Wein oder Wasser nachgegossen werden, es sollte zum Schluß allerdings nur wenig Flüssigkeit übrigbleiben.

Die - selbstverständlich sauber geputzte - Leber wird in Streifen geschnitten bzw. bei Geflügelleber waagerecht halbiert und dann in Olivenöl in 2-3 Minuten schnell gebraten, erst dann gepfeffert und gesalzen. Teller sollten schon bereitstehen, auf die nun das Kartoffelpüree, die Apfelstücke und die Zwiebeln nebeneinander verteilt werden. Die Leber wird auf die Zwiebeln gebettet, die Pfanne mit etwas Balsamico-Essig abgelöscht und der Bratfond über die Leber geträufelt.

Der "Halve Hahn" - ohne Haut und Knochen

Zumindest eins scheint beim "Halven Hahn" - im Gegensatz zu den vorgenannten Gerichten - klar zu sein: seine Herkunft.

Da gibt es zwar auch (mindestens) zwei Erklärungen, doch die nun folgende scheint mir nicht mehr als ein etwas mißglücktes Wortspiel zu sein:

So soll ein Gast in einer "kölschen Weetschaff" zum Köbes, der ihm ein ganzes Brötchen mit Käse brachte, gesagt haben: "Ävver ich wollt´ doch nur nen halven han!" Das klingt frei - und nicht einmal besonders gut - erfunden.

Viel wahrscheinlicher und durch die Nennung von Roß und Reiter gestützt, klingt eine andere Version.

Demnach hat ein durchaus stadtbekannter Kölner "Grielächer" (Spötter) namens Wilhelm Vierkötter seine Geburtstagsgäste zu einem "halven Hahn" geladen, was in der damaligen Zeit, als es noch keine Massentierhaltung gab und Fleisch kein so selbstverständlicher täglicher Genuß war, höchste kulinarische Freude verhieß. Serviert wurde dann - wie unschwer zu erraten ist - das, was wir heute als "Halven Hahn" kennen.

Ort des Geschehens war das Brauhaus "Zum Grin" des Wilhelm Lölgen, an der Hohen Pforte gelegen. Nur über das Jahr sind die Chronisten uneins, 1877, 78 oder 79 werden genannt.

Offenbar hat man diesen Fall von Lebensmittelverfälschung dem Geburtstagskind nicht allzu übel genommen und in sein Lachen eingestimmt - alles andere wäre ja, da wohl auch die gefoppten Gäste Kölner waren, undenkbar gewesen.

Die Geschichte und mit ihr das Rezept verbreitete sich jedenfalls rasch, und bald fand sich das Gericht auf der "Foderkaat" der kölschen Brauhäuser, manchmal noch mit dem vermutlich überflüssigen und ironisierenden Zusatz "ohne Knoche".

Das Rezept ist denkbar einfach und gerade deshalb schwieriger umzusetzen, als man zunächst glaubt. Denn die wenigen Zutaten müssen von bester Qualität sein, damit nicht ein x-beliebiges Käsebrötchen daraus wird.

Wir brauchen also zunächst ein Röggelchen, ein Roggenbrötchen, das man in vielen Bäckereiketten vergebens suchen wird. Dieses Brötchen muß nun ganz frisch sein, so frisch, daß die Kruste beim Anschneiden wie Glas splittert und es einem nicht so geht wie jenem Gast, der auf seine Frage: "Saaht ens, Köbes, es dat Röggelche och fresch?" die mürrische Antwort bekam: "Dat weeß ich net, ich ben iersch aach Daach hee!"

Auch beim Käse sollte man darauf achten, daß man nicht irgendeinen Holländer vorgesetzt bekommt - schon gar nicht den mit den großen Löchern, der aussieht wie Emmentaler und schmeckt wie ... ach, lassen wir das.

Nein, es muß schon ein Gouda sein, ein natürlich gereifter mittelalter Käse, in einer dicken Scheibe vom ganzen Laib geschnitten und nicht aus einer Plastikverpakkung entnommen, die alles, was an Wohlgeschmack möglicherweise einmal vorhanden gewesen sein mag, gnadenlos erstickt hat.

Einen solchen mittelalten Gouda gibt es eben nicht eingeschweißt (ich rede nicht von Pikantje!), sondern nur in guten Fachgeschäften und, wenn man Glück hat, in gutsortierten Käseabteilungen der großen Supermärkte und Kaufhäuser.

Die übrigen Zutaten - Butter, Zwiebeln und Senf - sind von nicht so entscheidender Bedeutung. Auf ein Übermaß an Zwiebeln würde ich verzichten, der Senf sollte nicht allzu scharf sein, ja, un wenn dat Röggelche wirklich esu fresch es un der Kies esu lecker, dann kann ich op der Mostert joot verzichte!

Unverzichtbar ist allerdings ein frisches Kölsch dazu, und wenn Sie das zuhause aus dem "Pittermännche" zapfen und dazu Ihren Gästen einen mit so liebevoller Sorgfalt zubereiteten "Halven Hahn" servieren, wird gewiß niemand den "Gummiadler" vom Schnellimbiß vermissen.

Der Mensch lebt nicht vom Brot allein

Wat et sons noch ze müffele jitt

So gut die vorstehend genannten "rheinischen Klassiker" auch schmecken mögen, so selbstverständlich man sie auch auf den "Foderkaaten" (Speisekarten) rheinischer Wirtschaften erwartet - und zeitweise auch findet - so perfekt sie auch zum Nationalgetränk Kölsch passen mögen, das Speiseangebot wäre doch etwas eintönig, wenn wir nur darauf angewiesen wären.

Die Geschichte des Rheinlandes war stets bunt und bewegt, unmöglich wäre es, die Völker zu zählen und ihre Namen zu nennen, die sich hier niedergelassen und wohlgefühlt haben. Und die Rheinländer wären nicht das, was sie sind, wenn sie nicht das Beste aus wechselnden Besatzungen gemacht hätten, eine Feststellung, die auch und vor allem für das Kulinarische gilt. Die Rheinländer haben sich aus Europas Küchen ausgesucht, was ihnen geschmeckt hat, haben es - zum Teil der Not gehorchend - ihren Möglichkeiten angepaßt und den Zubereitungen ihren ganz eigenen Stempel aufgedrückt, so daß daraus letztlich wieder rheinische Gerichte geworden sind.

Kölsche Foderkaat, jet vör zo müffele,
vum
Fritz Weiden, Kölle, Siziliestroß.

en Portion fresche Seemoschele	1	Kaastemännche
„ „ „ en ner fing Wingzaus	4	Grosche
e Backche Zupp (heiß, heiß!)	1½	Grosche
„ „ met Hohnerei	1	Kaastemännche
'ne Schnabbel Rindfleisch met jet Soores	4	Grosche
Levver, gebacke	5	„
Niere, en lecker soor Zaus	5	„
en Puut Ohße-Gehacks gebrode	5	„
„ „ „ met Hohnerei drop	6	„
Wiener Schnibbel met Schlot	8	„
Karmenat vum Ferke met Gemös oder met Schlot	6	„
Pannekoche met Schlot	5	„
„ met Ferkesspeck	7	„
Spegeleier met enem Püütche Schlot un gebrode Ädäppel	6	„
Hohnereier gestuv	4	„
„ met ener Schiev Schink	6	„
Himmel un Äd met Blotwoosch un Levverwoosch	5	„
Ferkespefferfleisch	5	„
en Engkche Brodwoosch (su 3 Zoll), fresch vum Boor	4	„
Blot- oder Levverwoosch, en der Pann gebrode	4	„
Botteramme met jet drop:		
en Schiev Lachs, geräuch	1	Kaastemännche
e Portiönche Salzrümpcher	1	„
en Engkche Levverwoosch	1	„
„ „ met Ädäppelschlot	3	Grosche
Wärm Wööschcher us Halverstadt	3	„
en Schiev Schink	1	Kaastemännche
e Röggelche met Holländer	1½	Grosche
nen halven Hahn, ohne Knoche	1	„
'ne Mainzer Kies	1½	„
Solisten-Ei	1	„
en Häusche Gehacks	3	„
„ „ met Hohnerei un Hahnepeck	4	„
Herring met Quallmänncher	3	„
Diensdags un Friedags: **Riefkoche**	3	Grosche
Samsdags: **Hämmche met soore Kappes un gequetschte Ädäppel** dat all för 7 Grosche.		

Doch bevor wir es uns nun wieder richtig schmecken lassen - zumindest gedanklich - sollten wir eine kleine Zeitreise in die Vergangenheit machen, um ein wenig über die Eßgewohnheiten in der "guten, alten Zeit" zu erfahren und nicht zuletzt, um einige heute kaum mehr gebräuchliche Bezeichnungen für Lebensmittel wenn schon nicht wiederzubeleben, so doch zumindest vor völligem Vergessen zu bewahren.

Denn Melacatungse, Katömmelche oder Melakatömmelche sind nicht nur wegen der Schwierigkeiten bei der Aussprache als Benennungen für Pfirsich und Aprikose völlig aus dem Sprachbild verschwunden, einzig der Begriff "Katömmelsnas" für eine kleine, dicke Nase ist noch gelegentlich zu hören. Es dürfte auch kaum mehr üblich sein, von Stachelbeeren als "Krönzele" zu sprechen, wovon sich der "Krönzeles-Inspektor" für den Gartenaufseher abgeleitet hat.

"Kuschteie" für Kastanien klingt da schon vertrauter, und auch das Wort "Karoten" - mit langem, geschlossenem "o" zu sprechen - dürfte für ältere Rheinländer - den Autoren inbegriffen - noch gebräuchlich sein. Gemeint sind damit allerdings nicht die Karotten, gemeinhin als Möhren bezeichnet und gelegentlich als "Jaljepenn" (Galgennagel) verspottet, sondern die "Rote Bete", jene tiefroten Knollen, die unverzichtbar in den "Heringsschloot" (Heringssalat) gehören und deren Saft so schwer zu entfernende Flecken verursacht.

Die "Ömmerjöhnche", früher bei Kindern heißgeliebte Zuckerkügelchen - das Wort "Ömmes" für Klicker, Murmeln ist vielleicht noch bekannt - haben heute zumindest in der einen oder anderen Form ihre Nachfolger gefunden. Früher waren sie unverzichtbarer Bestandteil des bunten Tellers zu Nikolaus oder Weihnachten, standen vor allem als eine Art Belohnung bereit, wenn ein Nachbar verstorben und im Hause aufgebahrt war und auch Schulfreunde und Spielkameraden seiner Kinder ihm die Ehre erwiesen. Und es galt als Ausdruck tiefster Verachtung, wenn man über jemanden sagte: "Der es esu schlääch, un wemme dem de janze Sarch voll Ömmerjöhnche schütt, kütt en kei Kind besööke." (Der ist so schlecht, selbst wenn man ihm den ganzen Sarg voll Zuckerkugeln schüttet, kommt ihn kein Kind besuchen.)

Auch der Laberdan oder Labberdon als Name für den gepökelten Kabeljau - in seiner getrockneten Form krije mir der später - ist nur noch in der übertragenen, scherzhaften Bezeichnung für das noch in der ersten Hälfte des 20.Jahrhunderts getragene steife Vorhemd bekannt und auch heute noch gelegentlich in der Redewendung: "Beschlabber dir et Laberdönche net." (Beklecker dich nicht.) zu hören.

Unverzichtbarer Chronist für das Alltagsleben im 19.Jahrhundert ist Ernst Weyden, von dem auch im weiteren Verlauf immer wieder die Rede sein wird. Ihm verdanken wir Informationen sowohl über die alltägliche Speisenfolge im wöchentlichen Rhythmus als auch über besondere Festtagsspeisen:

"Der Sonntag brachte "fresche Zupp", Fleischbrühe mit gerösteten Weißbrotschnittchen, an den hohen Tagen mit Klößchen ("Baellcher"), und grün Fleisch, d.h. frisches, mit selbst angerührtem Mostart (Senf).

Nach der Jahreszeit das Gemüse, die Beilage. Sonntags wurde der Suppe so viele gekocht, daß sie für montags ausreichen mußte.

Der Freitag brachte, als Abstinenztag, den unvermeidlichen Stockfisch mit Erdäpfeln. In vielen Haushaltungen wurde der Stockfisch selbst geklopft und gewässert und demselben als Zugemüse Bohnen, Reis oder Linsen gegeben, im Sommer junge gelbe Rüben oder weiße Rüben, da viele der älteren Leute gar keine Kartoffel aßen.

Die gewöhnliche Suppe am Freitag waren Erbsen und am Samstage, in vielen Familien auch noch ein Abstinenztag, Linsen. Das freitägliche Abendessen bestand aus dem allbeliebten "Kuschelemusch", dem übriggebliebenen Stockfisch mit Erdäpfeln und Zwiebeln, Milch und Butter zusammengeschmort."

Nun ist Stockfisch ja heutzutage nur noch als Schimpfwort ("Du ahle Stockfesch") für sture, ungelenke oder auch dumme Zeitgenossen in Gebrauch, seinen Geschmack können wir also nur erahnen. Und ob das ganze dann als Resteverwertung im "Kuschelemusch" - mit diesem Wort bezeichnet man sicher nicht ganz zufällig auch andere, nahezu ungenießbare Eintöpfe, aber auch undurchsichtige interne Machenschaften, mit dem "Klüngel" durchaus artverwandt - am Abend besser geschmeckt hat, also, ich weiß et net. Es stimmt immerhin tröstlich, daß sowohl in Spanien und Italien, als auch an der französischen Mittelmeerküste der Stockfisch durchaus verwendet wird und in der Provence als "Brandade" auch in der gehobenen Regionalküche seinen Platz hat.

Doch lassen wir Ernst Weyden weitererzählen: "In der Fastenzeit gab es Bückinge (Bücklinge) mit Eiern; Schellfische, Laberdan, Kabeljau waren für den geringeren Bürger Leckerbissen, die man sich wohl zuweilen sonntags abends erlaubte.

Ein kölnisches Lieblingsgericht war das sogenannte "Verwentbruud", in Milch geweichte Semmelschnitten in Eiern gebacken und dann mit Puderzucker bestreut.

Einzelne Festtage hatten auch ihre bestimmten Gerichte; so bestand am grünen Donnerstag der Mittagstisch aus Kervelsuppe (=Kerbel) und Spinat. Am Karfreitag wurde gefastet, zu Mittag nur Kaffee getrunken mit einem Schößchen (=besondere Semmelart) oder kleinen Semmel, abends aber gabs irgendein Fischgericht und Verwent Brud. Am unschuldigen Kindertage fehlte nie der steife Reisbrei mit Zucker und Zimt."

Dieser Reisbrei in seinen unterschiedlichen Darreichungsformen dürfte auch vielen von uns aus der Kinder- und Jugendzeit noch in "bester" Erinnerung sein. Vor allem der darüber gegossene "Himbeersirup" mit penetrantem, künstlichem Aroma jagt einem nachträglich noch eine Gänsehaut über Zunge und Gaumen, aber was soll´s, damals hat es geschmeckt.

Außerdem gab es ja im Sommer auch frische Erdbeeren aus dem eigenen Garten dazu, und im Winter wurde bei besonderen Anlässen ein Glas mit selbst eingemachten Herzkirschen oder mit den in dieser Form besonders köstlich schmeckenden weißen Pfirsichen aufgemacht, und dadurch wurde auch der simple Milchreis zu einem wahren Hochgenuß.

Doch damit genug der Ausflüge in die vergangene Zeit und der grauen, wenngleich auch appetitanregenden Theorie. Kommen wir zur Sache, zu all den Köstlichkeiten, die die rheinische Küche uns auch heute noch bietet. Und was wäre als Einstand besser geeignet, als ein Gericht, das zwar nicht unbedingt auf rheinischem Boden gewachsen sein mag, aber hier eine besondere Bedeutung erlangt hat und zum Leibgericht vieler Rheinländer - auch des Autoren! - geworden ist: der "Suurbrode".

Der rheinische Sauerbraten

Et jeht doch nix övver ne schöne Suurbrode

Es wäre müßig, darüber zu streiten, welche Region denn so etwas wie ein Urheberrecht auf den in Essig eingelegten Braten hätte. Vermutlich ist die Form des Marinierens wie so vieles andere aus der Not geboren, galt es doch, möglicherweise zähes und nicht gerade wohlschmeckendes Fleisch für eine gewisse Zeit zu konservieren, es mürbe zu machen und einen etwas penetranten Eigengeschmack durch Gewürze zu überdecken. Vor allem beim oft angeführten Sauerbraten aus Pferdefleisch, auch kurz "Traptrap" genannt, war diese Notwendigkeit gegeben. Denn früher waren es eben keine rassigen Vollblüter, die da auf den Tisch kamen, sondern das Fleisch von Arbeitspferden, die als Kutsch- und Brauereipferde oder auf dem Feld so lange ihren Frondienst tun mußten, bis sie buchstäblich darunter zusammenbrachen. Was dann übrigblieb, wurde durch den Abdecker der Verwertung zugeführt - in diesem Zusammenhang sei an Arnold Klütsch, den "Freßklötsch", erinnert - und man braucht wenig Phantasie, um sich auszumalen, daß das Fleisch solcher alten Gäule jede nur denkbare Unterstützung brauchte, um einigermaßen genießbar zu werden.

Ernst Weyden erwähnt den Sauerbraten nicht, spricht allerdings vom "grünen" (frischen) Fleisch, vermutlich im Gegensatz zu geräuchertem, gepökeltem oder anders behandeltem Fleisch.

Allerdings beschreibt Weydens um 1850 verfaßte Chronik im Wesentlichen das Leben in den Jahren um 1810, und Pferdefleisch, das in der damaligen Zeit wohl nur ein eher buchstäblich "anrüchiges" Arme-Leute-Essen war, erwarb erst in der zweiten Hälfte des 19.Jahrhunderts eine gewisse Wertschätzung auch durch das deftigere (=dauerhafte, gediegene) Bürgertum.

Als verbürgt gilt jedenfalls, daß der Bierbrauer Baptist Firmenich im Jahre 1858 zum ersten Mal gewagt hat, einen solch sauren Roßbraten seinen Gästen vorzusetzen, als "Krüstchen warm" zunächst und später als "Porzion Suurbrode".

Für uns stellt sich die Frage nach dem "richtigen" Fleisch für den Sauerbraten kaum noch. Eine - meines Wissens die letzte - Pferdemetzgerei in der Bonner Maxstraße hat schon seit langem die Pforten geschlossen, die wohl noch bestehenden Kölner Pferdemetzgereien haben nur sporadisch geöffnet und bieten dann mangels Nachschub oft nur Konserven an. So müssen wir also mit dem Rinderbraten vorlieb nehmen, was wirklich kein schlechter "Ersatz" ist.

Ich empfehle ein Stück aus der Keule, das fest genug ist, die aggressive Marinade und das anschließende Schmoren so zu überstehen, daß sich noch vernünftige Scheiben schneiden lassen. Als Grundlage der Marinade nehme ich zu gleichen Teilen Rotwein - ihr bester Bordeaux aus dem Keller muß es diesmal wirklich nicht sein - und einen guten Weinessig, soweit erhältlich gern einen einfachen Balsamico-Essig, der auch schon etwas Süße mitbringt. Die Auflistung der verwendeten Gewürze finden Sie im Rezeptteil, dabei dürfen Sie durchaus Ihren persönlichen Abneigungen und Vorlieben nachgeben. Was wäre eigentlich gegen einen Rosmarinzweig, ein paar Knoblauchzehen oder gar Korianderkörner einzuwenden?

In dieser Marinade nun muß der Braten an kühlem Ort

ein paar Tage warten, wobei man ihn öfters wenden sollte, damit das Fleisch gleichmäßig gewürzt wird. Dann wird Fett, am besten Schmalz, erhitzt, das gut abgetupfte Fleisch von allen Seiten scharf angebraten - ob Sie es vorher pfeffern oder salzen oder erst nach dem Anbraten ist nicht so entscheidend - und unter Zugabe der Gemüse und Marinade langsam geschmort. Nach etwa 2 Stunden wird das Fleisch herausgenommen und die Sauce durchgesiebt.

Ganz wichtig ist nun das Abschmecken. Es gibt eine Vielzahl von Rezepten, um zum einen die Süße als Widerpart zur Säure ins Spiel zu bringen und andererseits eine Bindung herbeizuführen. Ob Sie dazu Rosinen, Schwarzbrot, Honigkuchen oder selbst “Ööcher (Aachener) Printe” nehmen, sogar notfalls mit Zucker nachhelfen, das alles sei Ihrem persönlichen Geschmack überlassen. Ich nehme “Rheinisches Apfelkraut”, dessen fruchtige Süße die Säure der Sauce gut abrundet, wobei der stark eingedickte und dadurch gelierte Saft zugleich für eine intensiv-dunkle Farbe und eine leichte Bindung der Sauce sorgt, die weitere Bindemittel wie Mehl oder Stärkepulver überflüssig macht. Ein wenig Crème fraîche und/ oder Butter runden den Geschmack ab, und nun braucht man eigentlich nur noch eine Beilage, die Wohlgeschmack mit der Fähigkeit verbindet, die Sauce gut aufzunehmen: *»Äädäppelsklöß*.

Diese Klöße sind eine der vielen Varianten aus der böhmisch-bayerisch-thüringisch-fränkischen Knödelküche, denn irgendwo in diesem Bereich ist wohl der Ursprung jener nahrhaften Kugeln aus so unterschiedlichen Materialien zu suchen.

Und gerade *»Kartoffelklöße* mit ihrem kräftigen Eigengeschmack passen sehr gut zu intensiven Bratensaucen, also außer zum Sauerbraten auch zu anderen Schmorbraten, seien sie aus Rind-, Schweine- oder Wildfleisch. Bei meinem ganz persönlichen, von der Großmutter ererbten Rezept ist vor allem wichtig, daß die als Bindemittel dienende Grießmasse einen sehr hohen Grießanteil hat, also "übersättigt" ist, und daß dieser Grieß noch nicht richtig ausquillt. Das tut er dann mit dem Kartoffelteig vermischt und sorgt dabei dafür, daß die Klöße einerseits locker werden und andererseits - außer bei exzessivem Kochen - kaum je Gefahr laufen, zu zerfallen. Auch hierzu finden Sie näheres im Rezeptteil, ebenso wie zu den nachfolgenden Gerichten aus der so vielseitig verwendbaren Knolle, dem Äädappel.

Kartoffeln gehören in den Keller?

Ohne Äädäppel keene "Puttes"

Komische Überschrift, werden Sie sagen. Erst ´ne Frage und dann ´n Kreuzworträtsel. Denn wer weiß schon noch, was ein "Puttes" ist?

Geduld, Geduld! Beginnen wir mit dem Einfachsten: Natürlich gehören Kartoffeln in den Keller, aber nur, damit sie dort kühl liegen und (im Dunkeln) nicht keimen und damit man sie jederzeit heraufholen kann, um die leckersten Gerichte herzustellen.

Doch bevor wie das tun, sollten wir einen Augenblick über den rheinischen Kosenamen der Kartoffel nachdenken. "Äädäppel" (Erdäpfel) sind eine naheliegende Bezeichnung, die sich, natürlich anders ausgesprochen, auch im süddeutschen und österreichischen Raum wiederfindet. Und dann hören wir nur wenige Meilen südlich des Rheinlandes, ab etwa Bad Breisig, ein völlig anderes Wort:

"Grumpere", zunächst unverständlich, bis man dahinterkommt, daß damit "Grundbirnen" gemeint sind. Warum nicht, schließlich sind Sorten- und Formenvielfalt bei Kartoffeln kaum weniger groß als bei ihren oberirdischen Verwandten. Aber was wichtiger ist und einmal mehr den Wert der Dialekte zur Bereicherung der Hochsprache aufzeigt: Endlich kann man Äpfel und Birnen miteinander vergleichen!

Doch wir wollen ja kochen und nicht vergleichen, und da zeigt sich die Kartoffel als nahezu unentbehrlich gerade in der rheinischen Küche. Dies scheint noch vor zwei Jahrhunderten anders gewesen zu sein, doch vielleicht war die von Ernst Weyden beobachtete Aversion gegen die "Neuheit" auch nur eine Reaktion darauf, daß es ausgerechnet die Preußen waren, die den Rheinländern das neue Gemüse "aufgezwungen" haben.

Das langweiligste, am wenigsten aufregend schmeckende und deshalb wohl meistgekochte Kartoffelgericht sind die Salzkartoffeln, die auch nicht viel besser werden, wenn man etwas gehackte Petersilie darüberstreut. Aber andere Zubereitungen erfordern eben viel mehr Arbeit! Tatsächlich? Nun, zumindest die Pellkartoffeln, auf rheinisch: "Quallmännche" (von "quellen", nicht von "Qualm" abgeleitet) verlangen auch keinen größeren Aufwand, schmecken frisch gepellt mit etwas Butter oder mit Quark, den man gern mit Kräutern anreichern darf, gleich so mit der Hand gegessen, sehr gut und sind Grundlage für Kartoffelsalat und Bratkartoffeln unterschiedlichster Zubereitung.

Doch auch roh gebratene Kartoffeln schmecken ausgezeichnet, und wer es ganz besonders gut machen will, brät die in Scheiben geschnittenen Feldfrüchte in sehr heißem Olivenöl zunächst von einer Seite goldbraun und wendet sie dann, damit sich auch auf der anderen Seite die begehrte Kruste bildet. Dabei müssen die Scheiben nebeneinander liegen, man braucht also eine oder zwei große Pfannen, um die benötigte Menge möglichst gleichzeitig fertigzustellen. Erst ganz zum Schluß wird gesalzen, und dann sollten die Bratkartoffeln so heiß wie möglich serviert werden. Sollten sie zu heiß sein, kann man das individuell regeln:

"Besser hatt jebloose wie de Schnüss verbrannt." - Besser hart (stark) geblasen, als sich den Mund zu verbrennen.

Einfacher und vor allem bei größerem Bedarf sinnvoll ist es, die Kartoffeln grob zu würfeln, sie in eine ofenfeste Form zu geben, deren Boden mit Olivenöl ausgegossen wurde, zu pfeffern und zu salzen, mit einigen ebenfalls grob zerkleinerten Zwiebeln zu mischen, reichlich Öl über das Ganze zu gießen und alles noch einmal durchzumischen, damit Kartoffeln und Zwiebeln von einer Ölschicht überzogen sind.

Im vorgeheizten Backofen werden die Kartoffeln nun gebacken, nach etwa 50 bis 60 Minuten sind sie gar; sollten sie zu braun werden, kann die Hitze zum Schluß reduziert werden. Ein paar frische, gehackte Rosmarinnadeln, etwa 10 Minuten vor Ende der Garzeit hinzugefügt, geben ein tolles Aroma; vielleicht ist das nicht mehr "typisch rheinisch", aber warum sollen wir unser römisches Erbe verleugnen?

»Kartoffelpüree hatten wir schon als Bestandteil von *»Himmel un Ääd*, aber es paßt natürlich zu nahezu allen anderen Gerichten der rheinischen Küche und schmeckt

doch - seien Sie ehrlich - viel besser als Salzkartoffeln, natürlich nur, wenn reichlich Milch, Sahne, Butter oder Olivenöl im Spiel sind.

Auch der "Rievkooche" hat die ihm gebührende Aufmerksamkeit erfahren, aber es gibt ja noch so etwas wie den "Super-Reibekuchen". Und damit nähern wir uns dem Rätsel, das wir in der Überschrift gestellt haben.

Der "Puttes" hat gar nichts mit jenen niedlichen, etwas pummeligen Nackedeis zu tun, die gehören in barocke Kirchen und nicht auf den Tisch. Und der Lösung kommen wir schon näher, wenn

wir daran denken, daß Topf im Rheinischen "Pott" bedeutet. Hinter dem seltsamen Namen verbirgt sich also ein Kessel- oder Topfkuchen, der ebensoviele Namen zu haben scheint, wie es Rezepte gibt. "Pottkooche" und "Döppekoche" als Übertragungen des hochdeutschen Begriffs sind ja ebenso wie "Puttes" noch nachzuvollziehen, bei "Dijelsknall" muß man schon etwas grübeln, bevor man dahinterkommt, daß "Dijel" von "Tiegel" abgeleitet ist. Und da diese Zubereitung nicht aufs Rheinland beschränkt ist, gibt es noch andere regionale Bezeichnungen, wie etwa den hessischen "Dippelabbes". Auch vom "Uules" ist gelegentlich die Rede - da wurde der Name des Topfs (vom lateinischen "olla" abgeleitet) übertragen auf den Inhalt.

Doch was verbirgt sich hinter all diesen Bezeichnungen? Die Grundlage dieses Gerichts sind geriebene Kartoffeln, Zwiebeln und Eier, also das, was man auch für den Reibekuchen braucht. Hinzu kommen fetter oder durchwachsener Speck, Bratwurst, Mettwurst, Rosinen, Rübenkraut ..... Halt! Nicht alles auf einmal!

Da es ohnehin unmöglich ist, alle denkbaren Variationen einzeln aufzuführen und andererseits auch die Phantasie des Kochenden angesprochen werden soll, sei nur so etwas wie ein Grundrezept angegeben.

Zunächst wird aus geriebenen, etwas abgetropften Kartoffeln, ebenfalls geriebenen oder feingewürfelten Zwiebeln, Eiern und etwas Mehl eine Art Reibekuchenteig hergestellt. Das abgetropfte Kartoffelwasser kann aufgefangen, die abgesetzte Stärke später zu der Masse gegeben werden, doch das ist nicht unbedingt nötig. Gewürzt wird mit Salz, etwas möglichst frischgemahlenem Pfeffer und, falls gewünscht, etwas Muskat.

Eine ofenfeste Form wird mit Öl, Schmalz oder Butter gründlich ausgefettet und mit nicht zu stark geräuchertem fettem oder durchwachsenem Speck ausgelegt. Dann wird die Kartoffelmasse eingefüllt, glattgestrichen und die Form in den auf 180 - 200 Grad vorgeheizten Ofen geschoben. Die Garzeit beträgt etwa 80 - 90 Minuten, zum Schluß sollte sich eine knusprigbraune Kruste gebildet haben.

Den gestürzten Kuchen - notfalls den Rand mit einem Messer von der Form lösen - kann man in Scheiben oder Tortenstücke geschnitten mit Apfelkompott genießen, und falls wirklich etwas übrigbleibt, läßt es sich scheibenweise in der Pfanne braten und so wieder aufwärmen.

Es ist nicht das geringste dagegen einzuwenden, in die Kartoffelmasse Rosinen oder ggf. zerkleinerte Trockenfrüchte (Backpflaumen, Aprikosen) zu mischen, auch Speck- oder Schinkenwürfel eignen sich dazu. Weitere Speckscheiben, in Stücke geschnittene Mettwürste oder kurz angebratene Bratwürste können schichtweise mit der Kartoffelmasse eingefüllt werden, die obere Lage muß immer der Kartoffelteig bilden. Durch solche Zugaben wird das ohnehin schon nicht gerade leichte Gericht allerdings noch schwerer verdaulich. Grund genug, darüber nachzudenken, ob man nicht, ähnlich wie beim "Rievkooche", eine etwas weniger belastende und vielleicht sogar noch besser schmeckende Variante herstellen kann.

Wir reiben Kartoffeln und Zwiebeln wieder sehr fein, geben sie in ein feineres Sieb, fangen die abgetropfte Flüssigkeit auf und pressen die Masse kräftig aus, nicht so "staubtrocken" wie für Klöße, aber doch deutlich trockener als bei üblichen Zubereitungen. Die Flüssigkeit wird abgegossen, die Stärke, die sich abgesetzt hat, unter die Kartoffelmasse gerührt.

Die vorgesehenen Eier werden nun wiederum getrennt, das Eigelb wird mit der Kartoffelmasse, etwas Mehl und Salz vermischt, das Eiweiß mit wenig Salz steifgeschlagen.

Eine gebutterte ofenfeste Form wird mit Schinken ausgelegt. Das Eiweiß wird unter die Kartoffelmasse gehoben, kleine Schinkenwürfel können beigemischt werden.

Die Masse wird dann in die vorbereitete Form gegossen und im vorgeheizten Ofen gegart. Die Oberfläche sollte goldbraun sein; beim ersten Versuch empfehle ich wie beim Kuchenbacken eine "Stäbchenprobe", um sicherzustellen, daß der "Puttes" auch gut durchgebakken ist, denn die Leistungsfähigkeit herkömmlicher Haushaltsöfen ist doch sehr unterschiedlich.

Der Topfkuchen kann nun gestürzt und dann in Tortenstücke geschnitten serviert werden; Schwarzbrot, Apfelkompott und Kölsch passen dazu ebensogut wie ein Salat und ein kräftiger Weißwein. Auch eine Scheibe Räucherlachs vertrüge sich gut mit ihm, und umgekehrt paßt dieser leicht-luftige Kartoffelkuchen auch zu so ziemlich allem, zu dem man auch sonst Kartoffeln serviert, sogar zu feinen Fischgerichten, denen wir uns nun widmen wollen.

Der Rheinsalm und seine Verwandten

Un Friedaachs jitt et Fesch

Die Zeiten sind längst vorbei, in denen es nicht nur verpönt, sondern regelrecht verboten war, am Freitag Fleisch zu essen - zumindest galt das Verbot für jene, die den "normalen Jlauben" hatten und zudem noch im Licht der Öffentlichkeit standen oder bei einer katholischen Institution wie Kirche, Schule, Kindergarten beschäftigt waren. Doch auch in den bürgerlichen Familien galt es, diese Regel zu befolgen, wollte man nicht in der Nachbarschaft ins Gerede kommen. Für die wirklich Armen stellte sich dieses Problem natürlich nicht, für sie war Fleisch ein Luxus, der, wenn überhaupt, nur an Sonntagen und hohen Feiertagen auf ihren Tischen zu finden war.

So bot also der Fisch den Ausweg aus dem Dilemma, denn nur "Zupp, Jemös un zweierlei Äädäppel" (Suppe, Gemüse und zwei Arten Kartoffeln) galten doch als sehr ärmliches Essen. Neben dem Stockfisch, der den Vorteil langer Haltbarkeit mit dem Nachteil aufwendiger und langwieriger Zubereitung verband, neben gepökeltem Kabeljau (Laberdan) und eingelegten Heringen war es vor allem der Rheinsalm, der den Speisezettel bereicherte.

Inzwischen ist der Rhein wieder so sauber, daß Fische in seinem Wasser leben können, selbst Lachse sollen vereinzelt geangelt worden sein. Ob dies zutrifft und ob die Beute dann genießbar war, kann ich nicht sagen; kaum vorstellbar ist jedoch, daß noch vor einem Jahrhundert im Rhein soviel Lachs gefangen wurde, daß es zu einem regelrechten Überangebot kam. Lachs war in der Tat so billig, daß er in erster Linie zur Speisung der Dienstboten verwendet wurde, was zu ernsthaften Protesten und schließlich dazu führte, daß man sich in den Arbeitsverträgen ausbedang, nicht öfter als zweimal in der Woche Lachs essen zu müssen.

Zu müssen! Glückliche Zeiten, sollte man meinen, aber auch heutzutage wäre es niemandem recht, wenn er sozusagen täglich mit diesem Fisch gefüttert würde, zumal die Zubereitung fürs Personal vermutlich denkbar einfach und immer dieselbe war. Gerade Lachs ist äußerst empfindlich, was die Garzeit anbetrifft; zu lange gegart oder warmgehalten wird er trocken und geschmacklos, und dies dürfte mit ein Grund zur Auflehnung der Bediensteten gewesen sein.

Die überlieferte Art der Zubereitung war, den Lachs in Scheiben geschnitten in einem Sud aus Wasser, Wein und Gewürzen ganz leicht zu köcheln, eigentlich nur unter dem Siedepunkt garziehen zu lassen, wobei die in alten Kochbüchern zu findenden Garzeiten von 20 Minuten und mehr entschieden zu lang sind. Der Fisch wurde dann herausgenommen, warm gestellt (spätestens dabei wird er unweigerlich knochentrocken), und der Sud wurde durchgesiebt und diente dazu, eine Mehlschwitze abzulöschen.

Diese wurde dann zwar mit Sahne und Eigelb verfeinert - vermutlich nur dann, wenn die Herrschaften selbst am Freitag "ihren" Lachs aßen - dennoch blieb die "Soße" eine sehr pampige Angelegenheit, der auch Zitronensaft, Pfeffer und Salz keine große Feinheit verleihen konnten und erst recht nicht die unvermeidlichen Petersilienkartoffeln.

Es war also eine Fastenspeise im besten Sinne dieses Wortes, ein gewisses notwendiges Maß an Sättigung verbunden mit der Zufuhr lebensnotwendiger Nährstoffe wurde erreicht, ohne daß es wirklich gut geschmeckt hätte.

Heute ist Lachs wieder sehr leicht bekömmlich, im doppelten Sinne, denn zum einen ist er, wie alle Fische, durch geringen Fett- und hohen Eiweißgehalt eine wirklich gesunde und gut verdauliche Nahrungsform, zum anderen macht ihn die Zucht in großem Stil zu einem vergleichsweise preiswerten und nahezu überall erhältlichen Lebensmittel. Ob die Qualität mit der des Rheinsalms - der ja immerhin auch ein Wildlachs war! - mithalten kann, können wir nicht feststellen, zumal die wenigen heute noch gefangenen Wildlachse zumindest in unseren Breiten entweder bei den Anglern selbst verbleiben oder auf den Tischen hochbesternter Feinschmeckerrestaurants landen.

Doch auch der Zuchtlachs bietet alle Möglichkeiten zu einem geschmacklichen Aha-Erlebnis, wenn man anstelle der vorstehend beschriebenen klassischen Methode mit - zugegeben - etwas höherem Arbeitsaufwand und vor allem kürzerer Garzeit dafür sorgt, daß der Lachs saftig bleibt und von Saucen begleitet wird, die seiner wert sind.

Voraussetzung für gutes Gelingen ist wie bei allen Fischen absolute Frische. Lachs, der schon beim Einkauf "fischig" riecht, wird auch nicht frischer, wenn Sie ihn im Kühlschrank auf Eis lagern. Gräten beim Essen sind immer unerfreulich und neben aufdringlichem "Fischgeruch" (Gestank wäre zutreffender) einer der Hauptgründe, weshalb manche Leute Fisch nicht mögen. Wir filetieren also den Lachs oder kaufen gleich Lachsfilet, lassen uns dann aber Haut und Gräten, eventuell auch den Kopf vom Fischhändler mitgeben. Das alles brauchen wir nämlich, um daraus mit Hilfe von Wasser, Gemüsen (Zwiebeln, Lauch, Möhren, Sellerie) und Gewürzen (Thymian, Rosmarin, Lorbeerblatt) einen kräftigen Fischfond zu ziehen. Dieser wird dann durchgesiebt, eventuell durch Einkochen noch reduziert und kaltgestellt; die sich dabei bildende dünne Haut wird abgehoben.

Mit diesem Fond können wir nun alle denkbaren Saucen machen, unter Zugabe von trockenen Weißweinen, Sahne und frischen Kräutern perfekte Begleiter zum kurzgebratenen oder in etwas Fischfond pochierten (pochieren: bei kleiner Hitze garziehen lassen) Lachs schaffen. Und wenn man unbedingt Kartoffeln dazu braucht, warum soll man sie nicht gleich in die Sauce tun?

Das funktioniert dann so, daß ein paar grob in Stücke geschnittene Kartoffeln und Zwiebeln im Fischfond (der notfalls auch im Glas fertiggekauft sein darf oder durch Hühnerbrühe ersetzt werden kann) gegart werden. Dann sollte man alles durch ein Sieb streichen, was zwar etwas mühsam ist, aber beim Pürieren mit dem Stabmixer entsteht durch die Kartoffelstärke sonst eine etwas schleimige Konsistenz dieser Saucenbasis.

Nun brauchen wir nur noch frische Kräuter sehr fein zu hacken oder zusammen mit etwas Olivenöl mit dem “Zauberstab” zu zerkleinern, sie dann unter die Kartoffel-Zwiebel-Sauce zu ziehen und alles mit Zitronensaft, Salz und Pfeffer abzuschmecken. Diese Sauce kann dann warten, bis der Lachs in wenigen Minuten von beiden Seiten gebraten oder pochiert wird; sie wird gleichzeitig erwärmt, kann mit etwas Sahne oder Butter angereichert werden, wird in leuchtendem Grün auf Teller verteilt, auf die dann der orangefarbene Lachs gesetzt wird. Das sieht wundervoll aus - und es schmeckt auch so.

Welche Kräuter Sie verwenden, bleibt übrigens weitgehend Ihnen überlassen. Die Mischung für Goethes Lieblingssoße, die “Frankfurter Grüne Soß”, erhalten Sie gelegentlich auch bei uns auf Märkten und in Gemüsefachgeschäften bereits fertig zusammengestellt, aber glattblättrige Petersilie, Basilikum oder Rauke eignen sich dabei als Solisten sehr gut. Und sollten Sie im Frühjahr Bärlauch entdecken, so greifen Sie sofort zu.

Kurz gegarter frischer Lachs paßt auch sehr gut zu Spargel; dann wäre eine Sabayon, eine “Weinschaumcreme” aus Eigelb, Spargelsud, Wein und Zitronensaft die ideale Sauce.

Mehr dazu finden Sie in einem Kapitel, das auf das “königliche Gemüse” näher eingeht, sowie im Rezeptteil.

Der Rheinsalm scheint der einzige Fisch gewesen zu sein, der als frisches Produkt in nennenswertem Ausmaß verwendet wurde. Neben dem getrockneten oder gepökelten Kabeljau war nur noch der Hering auf rheinischen Tischen regelmäßig zu finden, auch er in konservierter Form, geräuchert oder gesalzen.

Die einfachste und vermutlich häufigste Darreichungsform ist die als Filet, begleitet von Pellkartoffeln, den schon erwähnten "Quallmännchen". Besonders beliebt ist dabei der "Matjes", noch nicht laichreifer Hering, der besonders mild gesalzen und zartfleischig ist.

Auch als Bestandteil des Heringssalats ist dieser Fisch - nicht nur als Namensgeber - unverzichtbar. Über die anderen Zutaten könnte man geteilter Meinung sein, saure oder Gewürzgurken, Rote Beete, Pellkartoffeln, Äpfel, hartgekochte Eier, Knollensellerie und Walnüsse gehören unbedingt hinein, gekochtes Rindfleisch und/oder Schinken können beigegeben werden.

Das alles wird möglichst kleingewürfelt, mit geriebener oder feingehackter Zwiebel, saurer Sahne, Mayonaise, Essig, Pfeffer und Salz sowie dem Saft von Gurken und Roter Bete abgeschmeckt und sollte dann einige Stunden gut durchziehen.

Viel Arbeit, die mit dem Vorteil verbunden ist, daß man gut vorbereiten kann. Ich erinnere mich daran, daß Großmutter und Großtante am Morgen des 24.Dezember, dem bei uns traditionellen Tag für dieses Gericht, stundenlang schnitten und mengten, bis endlich eine große Schüssel damit gefüllt war. Das reichte dann nicht nur für den Heiligen Abend, sondern auch noch für die Weihnachtstage und darüber hinaus.

Mit dem Fisch in gewisser Weise verwandt, nicht unbedingt biologisch, aber im Sinne einer Verwendung auch an Tagen mit Fleischverbot, ist die Miesmuschel, die allerdings nur in den Monaten mit "r", also in der kühlen Jahreszeit angeboten wird, dann allerdings in zahlreichen bodenständigen "Weetschaften" auf der Karte steht.

Die rheinische Art der Zubereitung ist denkbar einfach und dürfte als bekannt vorausgesetzt werden. Lauch, Sellerie, Möhren und Zwiebeln (natürlich zerkleinert) werden in Butter kurz angedünstet, mit Wasser und Wein abgelöscht, der Sud wird mit Pfeffer und Salz, Lorbeerblatt und Wacholderbeeren gewürzt (ein Zweig frischer Rosmarin kann nicht schaden), und darin werden die gewaschenen und vom Bart befreiten Muscheln im geschlossenen Topf gegart.

Dabei muß man darauf achten, daß die rohen Muscheln fest geschlossen sind (offene unbedingt wegwerfen!) und daß nach dem etwa 5 Minuten dauernden Kochvorgang nur jene Muscheln gegessen werden, die sich geöffnet haben.

Zu den im tiefen Teller mit Gemüse und Sud servierten Muscheln paßt wiederum butterbestrichenes Schwarzbrot und als Getränk ebenso selbstverständlich das frischgezapfte Kölsch, wohingegen es zu dem in einer raffinierten Sauce servierten "Rheinsalm" doch eher ein trockener, nicht zu säurebetonter Weißwein sein sollte.

Vom Hämmchen und anderen Schweinereien

Dat beste Stöck vom Schwein setz zweschen Schnüss un Stätz

Zum Glück ist nur einmal in der Woche Freitag, und auch die Fastenzeit dauert nicht ewig, sonst würden die Rheinländer glatt verhungern. Denn alles, was sich da im Wasser bewegt, ist ihre Sache so sehr nicht, von Enten vielleicht abgesehen.

Rheinländer stehen mit beiden Beinen fest auf der Erde - meistens jedenfalls - und erwarten das auch von dem, was sie essen. So ist es kein Wunder, daß das Schwein zu ihren Lieblingstieren gehört, zumindest unter dem Gesichtspunkt der Ernährung. Allzu wählerisch sind sie dabei nicht, alles zwischen Maul und Schwanz halten sie, wie schon die oben erwähnte Redensart ausdrückt, für sehr gut oder doch für genießbar. Dabei sind es nicht unbedingt die edelsten Teile, denen ihre Vorliebe gilt, und sie wissen, daß Fett ein wesentlicher Geschmacksträger ist, auch wenn man es nicht mitessen muß.

Das “Hämmchen” mag insofern als das rheinischste aller Produkte vom Schwein gelten, obgleich es mit dem Berliner “Eisbein” nah verwandt ist und auch die bayerische “Schweinshaxe”, die allerdings im Ofen gebraten wird, zumindest zur Familie gehört.

Rheinische “Hämmchen” allerdings erreichen ihre Besonderheit nicht nur dadurch, daß (meist) die zweite Silbe betont wird, sondern vor allem deshalb, weil sie unbedingt vom Hinterbein des Schweins stammen und gepökelt sein müssen. Pökeln heißt in diesem Falle: mehrere Tage in Salzlake einlegen und nicht: Salzflüssigkeit mit der Injektionsspritze einspritzen. Wollen wir also hoffen, daß unser “Metzger des Vertrauens” noch die klassische Methode anwendet. Weniger entscheidend ist, ob man unter dem “Hämmchen” den Unterschenkel oder das Stück zwischen Knie und Schinken versteht, das ist eine Frage der Auffassung und des Preises.

Die Zubereitung ist ansonsten denkbar einfach. Wasser wird zum Kochen gebracht, die Hämmchen (1 pro Person) werden zusammen mit grob zerschnittenen Zwiebeln,

Lorbeerblättern, Pfefferkörnern, zerdrückten Wacholderbeeren und einigen Nelken hineingegeben und so lange gekocht, bis sich das Fleisch leicht vom Knochen löst.

»Sauerkraut und *»Kartoffelpüree* gehören ebenso dazu wie scharfer Senf (darf auch ausnahmsweise mal Düsseldorfer sein), der schon wegen des Fetts unbedingt nötig ist. Das muß man, wie gesagt, nicht unbedingt mitessen, doch für viele Genießer ist die Schwarte das Wichtigste an diesem Gericht.

Willy Millowitsch soll zu jenen gehört haben, die gern aufs Fleisch verzichteten, wenn es denn reichlich Schwarte gab. Ob´s stimmt? Wir können den großen Volksschauspieler leider nicht mehr fragen ....

Allerdings kann man aus dem "Hämmchen" fast so etwas wie ein Diätgericht machen, und auch der "kleine Rest" unseres Schweinchens ist zu mehr Nutze als nur zum Kotelett.

Ja, ja, ich weiß, dat mit der Diät, dat is dem Rheinländer sein Sach net, un ich versprech auch, dat et trotzdem lecker wird, nur eben ohne dat viele Fett. Un vielleicht find sich ja einer, der dat jenausogern mag wie der Willy.

Zunächst einmal kocht man die Hämmchen wie gewohnt, dann werden - nach leichtem Abkühlen - Schwarte, Fett und Knochen entfernt und das schiere Fleisch in Stücke geschnitten.

»Sauerkraut wird wie üblich zubereitet, allerdings nur etwa 15 Minuten gegart. Dann werden Kartoffeln gekocht und nach dem Abgießen und Ausdämpfen sehr heiß durch die Presse gedrückt oder fein zerstampft. Kalte Butter, Pfeffer, Senf, frischgeriebene Muskatnuß und bei Bedarf

noch etwas Salz werden schnell untergerührt, zum Schluß wird soviel Sahne oder Crème fraîche hinzugegeben, bis das Püree die Konsistenz einer dickflüssigen Sauce hat.

Eine genügend große flache Auflaufform (notfalls auch zwei kleine) wird ausgebuttert. Zunächst gibt man das Sauerkraut hinein, dann wird das Fleisch darin eingebettet und alles mit der Kartoffelsauce übergossen. Im vorgeheizten Backofen wird der Auflauf dann überbacken.

Viel mehr Arbeit als die herkömmliche Zubereitung ist das auch nicht, aber es ist sicher eine leichter verdauliche Alternative. Und da wollen wir doch gleich mal sehen, ob wir nicht auch noch etwas anderes finden, das ebensogut schmeckt.

Wie wäre es mit Rouladen, nicht wie sonst aus der Rinderkeule, sondern aus dem Schweinerücken oder sogar vom Schweinefilet? Versuchen Sie´s einmal.

Nun lassen sich vom Schweinerücken keine genügend großen Scheiben für eine Roulade schneiden, wir müssen also zu einem Trick greifen. Schneiden Sie eine dünne Scheibe vom Rücken herunter, aber nicht ganz durch. Erst der zweite Schnitt geht dann ganz durchs Fleisch. So erhalten Sie ein sogenanntes “Schmetterlingssteak”, indem sie es auseinanderklappen. Zwischen zwei Klarsichtfolien oder Gefrierbeuteln wird dieses Steak nun noch vorsichtig plattgeklopft. Dann werden die Steaks aufgerollt, von außen mit Pfeffer gewürzt und in Scheiben luftgetrockneten Schinkens eingewickelt. In einer Schmorpfanne werden die Rouladen von allen Seiten angebraten. Dann wird Schmorgemüse (Zwiebeln, Lauch, Möhren, Sellerie) beigefügt, etwas Wein oder Fleischbrühe angegossen, die Pfanne zugedeckt, und im vorgeheizten Backofen werden die Rouladen fertiggegart.

Die fertigen Rouladen stellen Sie warm, pürieren den Schmorfond im Mixer oder mit dem Mixstab, dabei können Sie etwas eiskalte Butter zugeben.

Die genauen Angaben finden Sie wieder im Rezeptteil, auch für die kleinen Röllchen vom Schweinefilet, die man entweder mit einer Sauce von Frühlingszwiebeln und Champignons oder in einer Käsesauce servieren kann.

Dazu wäre ein kräftiger Fond die Grundlage, für den Sie das Rezept ... ja, ja, Sie wissen schon. Natürlich können Sie auch hier wieder einen gekauften Fleischfond oder konzentrierte Fleischbrühe nehmen.

Schweinefilet wird schräg in dünne Scheiben geschnitten, die vorsichtig mehr auseinandergezogen als plattgeklopft werden. Passend zugeschnittene Scheiben von gekochtem Schinken werden daraufgelegt, als Gewürz kommen ein paar Estragonblättchen oder gehackte frische Rosmarinnadeln hinzu. Die Fleischscheibchen werden aufgerollt und zu je vier oder fünf Stück auf Holzspießchen gesteckt, dann gepfeffert, gesalzen und in nicht zu heißem Olivenöl von beiden Seiten angebraten und bei reduzierter Hitze fertiggegart.

Die beiden Saucen bereiten Sie inzwischen nach Rezept in separatem Topf oder Pfanne zu, und wenn es Ihnen zuviel Mühe ist, stundenlang *»Schweinefond* zu kochen, können Sie dabei gern auf Kalbsfond oder Fleischbrühe aus dem Glas zurückgreifen. Es ist übrigens durchaus sinnvoll, die Spießchen nach dem Braten aus der Pfanne zu nehmen und mit der fertigen Sauce den Bratfond abzulöschen, da Sie auf diese Weise einiges vom Geschmack des gebratenen Filets mitnehmen.

Es empfiehlt sich, die Saucen neben und nicht über die

Spießchen zu gießen, damit man ggf. unter Zuhilfenahme einer Hand die Filetrouladen von den Holzstäbchen streifen kann.

»Kartoffelpüree paßt auch hierzu wieder sehr gut, aber auch die *»Ofenkartoffeln* bieten sich an, zumal dann, wenn hier wie dort Rosmarin als verbindendes Gewürz eingesetzt worden ist.

Sauer macht lustig

Suure Kappes un Stinkbunne

Obwohl die Rheinländer die angeblich lustigmachende Wirkung des Sauren nun wirklich nicht nötig haben und mit der entsprechenden Bemerkung eher einen allzu säurebetonten Wein charakterisieren, gehören die sauren Bohnen und vor allem das Sauerkraut unbedingt auf den rheinischen Speisezettel.

Sauerkraut macht man mit Champagner.
Man kann auch Sekt dazu nehmen.
Ganz arme Leute nehmen Mosel....

Das alte Kochbuch, in dem ich diese kategorische Feststellung fand, ist offenbar gerade nicht für diese armen Leute geschrieben worden. Immerhin macht es klar, daß die Zugabe einer angemessenen Dünstflüssigkeit die Qualität des Krauts erheblich zu steigern vermag.

Unsere Nachbarn im Elsaß wissen das aus langer Tradition am besten. Neben dem “choucroute garnie”, dem überall angebotenen “garnierten Sauerkraut” - wobei die Garnitur aus wahren Bergen von Schweinefleisch und

Würsten besteht - wird Sauerkraut auch in der gehobenen Küche angeboten. Selbst bei der einfachsten Zubereitung kommt da schon ein trockener Riesling ins Spiel, und wenn das Sauerkraut als Begleiter oder als Bett für edelste Produkte wie Rebhuhn, Fasan oder Seezunge dient, darf es nicht nur ein großer Wein, sondern sogar der schon erwähnte Champagner sein.

Ansonsten gibt es bei der Zubereitung kaum nennenswerte Abweichungen. Schweine- oder Gänseschmalz wird erhitzt, darin wird zunächst eine in Würfel oder Streifen geschnittene Zwiebel glasig angedünstet, bevor das Sauerkraut hinzukommt. Zum Würzen dienen Lorbeerblatt, Nelke, Wacholderbeeren und schwarze Pfefferkörner, als Dünstflüssigkeit nehmen wir Fleischbrühe und/oder Wein ... Sekt ... nein, Champagner muß es wirklich nicht sein. Allerdings könnte ein trockener Cidre (Apfelwein aus der Normandie) in die Bresche springen, zumal ja ein in das fast gare Sauerkraut geriebener Apfel dadurch geschmacklich unterstützt wird. Ananas hat übrigens dabei nichts zu suchen, es sei denn, man will das Sauerkraut als Beilage zum “Toast Hawaii” servieren, jenem kulinarischen Highlight aus den 50er und 60er Jahren. Umso besser eignen sich Weintrauben, die man halbieren und, soweit nötig, entkernen sollte und die selbstverständlich erst ganz zum Schluß beigefügt werden.

Eine darüberhinausgehende Verfeinerung wäre dann nur noch dadurch zu erzielen, daß man zum Andünsten ausgelassenes Entenfett und einen besonders guten Wein oder vielleicht doch Champagner verwendet. Die Bindung durch eine feingeriebene Kartoffel ist nach meiner Erfahrung nicht notwendig; man kann allerdings einen kleinen Teil des Sauerkrauts zurückbehalten und erst zum Ende der etwa halbstündigen Garzeit unter das gekochte Kraut ziehen, das dadurch etwas mehr Frische und Biß bekommt.

Wesentlich exklusiver im Sinne der Verbreitung sind die sauren Bohnen, an denen sich durchaus die Geister scheiden. Die rheinische Bezeichnung "Stinkbunne" nennt den Grund ganz deutlich, der "Gestank" ist allerdings nicht so schlimm, und der Name resultiert wohl noch aus der Zeit, als in vielen Haushalten ein großer Keramikkrug oder ein Holzfaß bereitstand, in dem man die Bohnen selbst vergären ließ. Dabei roch es dann tatsächlich nicht nach "Eau de Cologne", zumindest so lange nicht, bis die Gärung beendet war.

Es war trotz einer kleinen, von Hand gedrehten Schneidemaschine eine Heidenarbeit, bis man eine große Menge von grünen Bohnen "gefitscht", also in schräge Streifen geschnitten hatte. Die wurden dann lagenweise mit Salz bestreut in das Gefäß geschichtet, ein sauberes Leinentuch wurde noch einmal in kochendes Wasser gelegt und deckte die Bohnen ab. Ein passend zugeschnittenes Holzbrett übte, mit einem Stein beschwert, Druck aus, und dann hieß es warten. Einige Wochen vergingen, in denen das Leinentuch immer wieder durch ein frisches ersetzt und dabei die obere Schicht der Bohnen sorgfältig abgewaschen oder sogar entfernt wurde. Dann war es endlich soweit: Es gab die ersten hausgemachten "Fitsch- oder Stinkbunne" mit Kartoffelpüree und gelegentlich sogar einem Stück Kasseler oder einer Bratwurst.

Heute wird sich kaum noch jemand dieser Mühe unterziehen, und zum Glück gibt es im Vorgebirge noch eine Firma, die uns die Arbeit abnimmt. Ihr Produkt findet sich in den Kühlregalen vieler Lebensmittelgeschäfte und Supermärkte, und die “Stinkbunne” nennen sich dort “Rheinische Schneidebohnen, milchsäurevergoren”.

Die Zubereitung ist denkbar einfach. Der Plastikbeutel wird geöffnet, der Inhalt in ein Sieb gegeben, damit die Flüssigkeit abtropfen kann.

Dann schneidet man eine Zwiebel in Würfel, erhitzt Butter oder Schmalz, dünstet die Zwiebel an und gibt die Bohnen dazu. Wer mag, kann auch kleingeschnittenen mageren Speck mit andünsten. Etwas Wasser wird angegossen, und dann werden die Bohnen bei mittlerer Hitze etwa 15-20 Minuten gegart. Salzen ist meist nicht nötig, auch sonst kann man nicht mehr tun, als ein *»Kartoffelpüree* dazu zu servieren und ein ordentliches Stück Fleisch anzubieten. Ich esse die Bohnen am liebsten, wenn ich sie mit dem Püree vermenge, und ebenso wie beim Sauerkraut schmeckt das aufgewärmt fast noch besser.

Der König der Gemüse

Dä hät en Schnüss, der kann de Sparjel quer fresse.

Nichts gegen Sauerkraut und saure Bohnen, aber deren Genuß bietet sich doch vor allem für die Wintermonate an, wenn frisches Grünzeug nicht oder nur spärlich zu bekommen ist, von den Kohlsorten einmal abgesehen.

Der Frühling bietet uns frisches Gemüse, und darunter befindet sich jenes, das unbestritten den ersten Rang einnimmt: der Spargel.

Die Zeit, in der es schicklich war, die ganze Stange in den Mund zu schieben - längs versteht sich, nicht quer, wie die oben zitierte Redewendung denn doch eher symbolisch glauben macht - diese Zeit ist längst vorbei. Heute darf man Spargel schneiden, muß es sogar bei manchen Zubereitungen.

Und an diesen Zubereitungen erhitzen sich nun die Gemüter der Liebhaber dieser köstlichen Stangen. Da gibt es die Puristen, die Anhänger der reinen Lehre, für die es nur eine stilvolle Zubereitung gibt: kochen, mit zerlassener Butter und mildem Koch- oder Rohschinken servieren, basta! Allenfalls eine Sauce hollandaise lassen sie noch gelten.

Dagegen ist nicht das Geringste zu sagen, denn wirklich frischer Spargel - und den gibt es ja, dem Vorgebirge sei dank, während der Saison auf Märkten und in Supermärkten reichlich - braucht keine kunstvolle Zubereitung, um seinen Geschmack voll zur Geltung zu bringen. Dennoch lohnt es sich, darüber nachzudenken, ob man nicht doch etwas tun kann, damit er noch besser schmeckt und auch bei häufigem Genuß Abwechslung bietet.

So wollen wir zunächst versuchen, auch die klassische Zubereitung noch zu verbessern. Es versteht sich von selbst, daß der Spargel so frisch wie möglich sein sollte; 500 g pro Person sind wohl das Mindeste, wenn man auf üppige Beilagen verzichtet, darf es auch mehr sein.

Die Stangen sollten keinesfalls zu dünn sein, da großzügiges Schälen Voraussetzung für ungetrübten Genuß ist. Der Begriff “Sparschäler” sollte da nicht mißverstanden werden! Die Schalen und Endstücke des Spargels werden nun in einen Topf gegeben, mit kaltem Wasser aufgefüllt, das mit Salz, Zucker und etwas Butter versehen wird. Darin werden die Abfälle nun etwa 30 Minuten nicht zu heftig gekocht, der Sud wird durch ein Sieb in einen zweiten Topf gegeben. Dabei werden die Schalen so fest wie möglich ausgedrückt. So entsteht ein kräftiger Fond, der notfalls noch etwas zu salzen oder zu zuckern wäre und in dem nun die Spargelstangen gegart werden. Nach erstem, kräftigem Aufkochen ist die Hitze zu reduzieren, der Spargel darf nur noch leicht köcheln. Die Garzeit, abhängig von Frische und Dicke der Stangen, sollte 15 Minuten nicht überschreiten, manchmal genügen auch schon 10 - 12 Minuten.

Diesen sehr intensiv schmeckenden Spargel können Sie nun wie gewohnt essen, und für den Fall, daß Sie eine "Hollandaise" zwar sehr mögen, sie Ihnen aber zu mächtig erscheint, verrate ich Ihnen eine wesentlich leichtere, aber mindestens ebenso wohlschmekkende Variante.

Dazu brauchen Sie Eigelb, Spargelsud, etwas Weißwein und Zitronensaft. Die Gesamtmenge der Flüssigkeit sollte etwa 50 ml pro Eigelb betragen, bei 4 Eigelb also 0,2 l. In einer Metallschüssel, am besten einem Schneekessel mit rundem Boden, verschlagen Sie nun alle Zutaten kräftig, setzen die Schüssel auf einen Topf mit kochendem Wasser, wobei Sie darauf achten sollten, daß der Schüsselboden nicht ins Wasser ragt, und dann schlagen Sie die Flüssigkeit mit einem Schneebesen kräftig durch, bis sich eine erkennbare Bindung einstellt. Nehmen Sie dann die Schüssel sofort vom Wasserbad, damit das Eigelb nicht gerinnt, notfalls hilft etwas kalte Flüssigkeit, die schnell eingerührt wird. Diese aufgeschlagene, schaumig-cremige Sauce können Sie nun noch mit ein paar untergezogenen Stückchen kalter Butter, Zitronensaft, Salz und Pfeffer gehaltvoller machen und abschmecken.

Doch kommen wir zu anderen Möglichkeiten, den Spargel so zuzubereiten, daß er, ohne in seiner Eigenart beeinträchtigt zu werden, möglichst abwechslungsreich auf den Tisch gebracht wird.

Die Spargelsuppe darf dabei als bekannt vorausgesetzt werden und ist ideal zur Verwertung weniger schöner oder zerbrochener Stangen. Ein kräftiger Fond wäre die Grundlage und genügt eigentlich schon, wenn man darin die gegarten Spargelstücke serviert. Doch auch eine Legierung durch mit Sahne verrührtes Eigelb bietet sich an; wichtig dabei ist, daß die Suppe dann nicht mehr kocht und am wichtigsten für beide Suppen, ob klar oder gebunden, sollte sein, daß man die Spargelstücke darin nicht mit der Lupe suchen muß. Ein paar Blättchen Kerbel dazu sind mehr als nur hübsche Dekoration, sie passen geschmacklich ausgezeichnet.

Dann könnte man den Spargel auch einpacken und zwar in einen möglichst dünnen Pfannkuchen. Zusammen mit mildem Räucherlachs oder einem geräucherten Forellenfilet werden dazu einige gegarte Stangen in den Pfannkuchen gehüllt, das Ganze wird in Aluminiumfolie gewikkelt und kann kaltgestellt werden. Auch Kochschinken und luftgetrockneter Rohschinken eignen sich als Beilage anstelle der Räucherfische. Und natürlich kann der Pfannkuchen mit feingehackter Petersilie und/oder Schnittlauch angereichert sein.

Die silbrigen Päckchen werden später im Ofen bei etwa 120 Grad erwärmt; 10 Minuten reichen dazu, da der Inhalt nur lauwarm zu werden braucht; der Geschmack der Zutaten wird dadurch intensiviert.

In dieser Zeit schneiden Sie weitere (rohe) Spargelstangen in schräge Scheiben, braten diese in Butter oder Olivenöl in einer beschichteten Pfanne leicht an, geben das in Scheiben geschnittene Weiße eines Bundes Frühlingszwiebeln dazu, lassen es mit andünsten, pfeffern und salzen und löschen dann mit Spargelfond und Sahne ab. Es dauert nur etwa 5 Minuten, bevor die dünnen Spargelscheiben gar sind, die Flüssigkeit sollte fast ganz verdampft sein. Am Schluß geben Sie das Grüne der Zwiebeln hinzu. Dieses Spargelragout bildet nun die Basis, auf die Sie die (natürlich aus der Aluminiumhülle befreiten) Spargelpfannkuchen setzen.

Sehr gut schmeckt es auch, wenn Sie den nur ganz kurz gekochten Spargel gut abgetropft in einer Mischung aus Olivenöl und Butter durch Braten fertiggaren. So wird sein Geschmack sehr herzhaft und kräftig und macht ihn als Beilage zu gebratenem oder geschmortem Fleisch hoffähig. Aber auch solistisch bildet er die Grundlage zu einer reizvollen, nun allerdings nicht mehr typisch rheinischen Variante. Reiben oder hobeln Sie ganz dünn etwas Parmesan darüber, und wenn Sie dann noch ein paar gebratene Garnelen ...

Aber nein, jetzt wird es wirklich zu exotisch, und ich bringe Sie womöglich noch auf die Idee, es mit einem *»Spargelrisotto* zu versuchen. Aber warum eigentlich nicht? Die Informationen dazu finden Sie jedenfalls im Rezeptteil.

Die heißgeliebten Hülsenfrüchte

Äähze, Bunne, Linse ... jo dat sinse!

Wenn die Rheinländer "Zupp" sagen, meinen sie normalerweise keine klare Brühe und schon gar keine "Consommé double", sei sie auch noch so intensiv und wohlschmeckend. Und wenn es denn schon einmal eine Fleischbrühe als Vorsuppe zum größeren Menü gibt, muß sie zumindest beweisen, daß sie bester Herkunft ist, wenn sie nicht in jene Kategorie der Suppen gezählt werden will, die zu stolz sind, den Esser anzusehen:

"Dat es ene stolze Zupp, die luurt ene met keenem Oog aan!"

Selbstverständlich sind auch sättigende Einlagen, je mehr, desto besser: Markbällchen oder Eierstich sollten es schon sein, und beides zusammen empfinden die Rheinländer auch nicht als Völlerei. Doch die "richtigen" Suppen sind jene, die im allgemeinen Sprachgebrauch als Eintöpfe bezeichnet werden.

Die kann man natürlich auch mit frischen Gemüsen machen, aber das richtige Eintopfgefühl stellt sich doch erst dann ein, wenn getrocknete Hülsenfrüchte die Grundlage bilden.

Es steht außer Frage, daß man auch aus Linsen und weißen oder braungesprenkelten Bohnenkernen schmackhafte Eintöpfe zubereiten kann. Die Rezepte unterscheiden sich nur unwesentlich, und mit einer guten Brühe als Grundlage und reichlich durchwachsenem Speck, mehr oder weniger edlen Teilen vom Schwein oder Mettwürsten wäre es fast ein Wunder, wenn das Ergebnis nicht schmecken würde. Und daß ein solcher Eintopf aufgewärmt noch besser schmeckt, wissen nicht nur die Rheinländer. Auch in der Toskana kennt und liebt man eine wieder aufgekochte Bohnensuppe: die Ribollita.

Nichts also gegen diese Hülsenfrüchte, aber der wahre Himmel für Rheinländer ist doch die Erbsensuppe, die als "Äähzezupp" praktisch auf jeder "Foderkaat" zu finden ist und als unentbehrlicher Bestandteil bei Stadt- und Straßenfesten – vom Fastelovend ganz zu schweigen – für viele das Wichtigste überhaupt darstellt.

Dabei stört sich niemand daran, daß möglicherweise das preußische Militär für die Einführung dieser Suppe im Rheinland verantwortlich war. Auch die Nutzung der "Gulaschkanonen" für die Herstellung ist nicht abstoßend, ganz im Gegenteil, weiß man doch, daß die Äähzezupp am besten schmeckt, wenn sie in großer Menge und langsam gekocht wird, damit alle Zutaten geschmacklich miteinander verschmelzen. So sind also gerade in der Karnevalszeit die großen Korps und ihre "Kanonen" das Ziel der Hungrigen, und die Produkte dieser "Geschütze" sind wohl die einzigen, die dem ansonsten gar nicht kriegslüsternen Rheinländer reines Wohlgefallen vermitteln.

Wie gesagt: (Auch) die Menge macht´s .... und natürlich die Qualität der Zutaten. Wo steht denn, daß man die Erbsen in Wasser einweichen muß? Eine gute, entfettete Fleischbrühe täte es doch auch, und statt des durchwachsenen geräucherten Specks könnten es doch auch Schinkenreste sein, die für Geschmack und den unverzichtbaren Fleischanteil sorgen. Und außer Kartoffeln könnte man ja auch Lauch, Möhren und Frühlingszwiebeln hinzugeben, die allerdings separat und kleingeschnitten in etwas

Butter angedünstet und erst zum Schluß zur Suppe gegeben werden sollten. Feingehackte, glattblättrige Petersilie (nur die Blätter, versteht sich) und Schnittlauch tun ein Übriges, um aus der alltäglichen “Äähzezupp” ein Gericht zu machen, das nach “mehr” schreit.

Soviel zum klassischen Eintopf, der, wie gesagt, aufgewärmt noch besser schmeckt. Ganz anders – und vielleicht noch viel besser – schmeckt eine Suppe aus frischen Erbsen, die allerdings auch frisch gegessen werden sollte und durchs Aufwärmen nicht gewinnt.

Die frischen Erbsen dürfen dabei aus der Tiefkühltruhe kommen, müssen selbstverständlich “naturel”, also ohne irgendeine zusätzliche Sauce eingefroren sein und sind in dieser Weise von selbst enthülsten qualitativ nicht zu unterscheiden. Diese Erbsen werden nun mit dem Weißen von Frühlingszwiebeln kurz angedünstet, eine entfettete Fleischbrühe kommt hinzu und kleingewürfelte Kartoffeln können, aber müssen nicht, das Mahl ergänzen. Diese Suppe wird nach dem Garen püriert und sollte, so mühsam es auch ist, durch ein Sieb getrieben werden.

Als Einlage kommen kurz angedünstete Schinkenwürfel, ein paar zurückbehaltene Erbsen und, falls es besonders aufwendig sein soll, in Streifen geschnittene Erbsenschoten (Zucker- oder Kaiserschoten) sowie das Grün der Frühlingszwiebeln hinzu. Sahne, Butter, Muskat ... das alles sollte nach Geschmack verwendet werden, und das Abschmecken mit Salz, Pfeffer und Zucker ganz zum Schluß sollte selbstverständlich sein.

Dies ist nun kein Eintopf mehr, sondern eine elegante Vorsuppe für eine größere Speisenfolge, die sicher noch öfter auf Ihrem Küchenzettel stehen wird.

Zum Abschluß etwas Süßes

Verwentbruud un Appelpannekooche

Was wäre ein gelungenes Essen ohne einen süßen Abschluß, ein Dessert und wäre es auch noch so einfach zubereitet. Gerade auf diesem Gebiet lassen sich mit bescheidenen Mitteln und fast immer vorrätigen Zutaten Wunderdinge zaubern und sogar Reste sinnvoll verwenden.

Aha, daher der Name "Verwentbruud"!?

Die Vermutung liegt nahe, ist aber leider falsch. "Verwent" heißt nichts anderes als "verwöhnt", es wäre also ein Brot für verwöhnte Leckermäuler gemeint.

Dies ändert nichts daran, daß man dafür altbackenes Weißbrot oder Brötchen nimmt, die in Milch eingeweicht werden, die mit Eiern und Zucker aufgeschlagen worden ist, und die danach in Butter gebraten und mit Zimt und Zucker bestreut serviert werden. Nichts anderes als "Arme Ritter" also, und das einzig typisch Rheinische daran ist wohl der Name.

Aber wenn wir schon einmal dabei sind, sollten wir uns wenigstens eine etwas reizvollere Möglichkeit ausdenken, das alte Brot zu verwerten. Dabei hilft uns ein gedanklicher Ausflug in sehr weit südlich gelegene "Rheinlande".

Im Elsaß nämlich kennt man ein ähnliches Gericht als "Bettelmann", und wenn man die Zutatenliste sieht, könnte man die Angehörigen dieser Gruppe beneiden, denen es offenbar wesentlich besser geht als den "Armen Rittern".

Es handelt sich im Grunde genommen um einen Auflauf, bei dem die von der Kruste befreiten Brötchen, in heißer Milch geweicht, nur als Trägermasse für Eier, Zukker, Vanille, Zitrone, Kirschen und sogar Kirschwasser dienen. Das hört sich gut an und schmeckt auch so, und ich darf Ihnen versichern, daß die paar Brötchen dabei überhaupt nicht stören.

Im übrigen bietet diese Zubereitung, zu der Sie Näheres wieder im Rezeptteil finden, viele Möglichkeiten, der Phantasie freien Lauf zu lassen. Äpfel, Birnen oder Zwetschgen anstelle der Kirschen sind ebenfalls sehr gut geeignet; es versteht sich von selbst, daß dann der dazu passende Obstbrand gewählt werden sollte.

Geradezu luxuriös ist es, wenn wir als Grundlage eines Auflaufs Reste von Biskuit oder anderem Kuchenteig nehmen, auch Löffelbiskuit eignet sich dazu.

In Würfel geschnitten und mit der gleichen Menge ebenfalls gewürfelter Äpfel vermischt, mit zuvor in aromatischem Obstbrand oder Likör eingelegten Korinthen bereichert, wird dann alles mit einer Sahne-Eier-Creme übergossen, wobei geröstete Mandelblättchen, Zucker, Zimt und Vanillemark für zusätzliche Würze sorgen.

Diese Masse wird in einer gebutterten flachen Auflaufform im Ofen gegart, bis die Eiersahne stockt und sich eine schöne goldbraune Kruste gebildet hat. Der Auflauf muß dann abkühlen, damit man später passende Stücke herausschneiden oder -stechen kann, die, kurz erwärmt, mit einer Vanillesauce serviert werden.

Auch diesmal kann man phantasievoll variieren, indem man statt der Äpfel Rhabarber oder Zwetschgen verwendet und damit die jeweilige Jahreszeit einbezieht. Und süße oder Sauerkirschen passen natürlich auch sehr gut hinein.

Der “Pannekoche” in all seinen Formen gehörte schon immer zu den beliebtesten Speisen, kam mit Kräutern und Speck gewürzt als Sattmacher auf den Tisch, wurde aber auch mit Obst der Jahreszeit als schnelles und preiswertes Dessert gereicht, vor allem dann, wenn man über Früchte aus dem eigenen Garten verfügte.

Äpfel und Kirschen waren dabei besonders beliebt, und vor allem bei Äpfeln stritt man sich gern darum, welche Methode nun das schmackhaftere Ergebnis zeigte: die Äpfel zu vierteln und dann in schmale Halbmonde zu schneiden oder sie quer in dickere Scheiben zu zerlegen, die nach dem Ausstechen des Kerngehäuses Apfelringe ergaben, die im Pfannkuchenteig gewendet und in der Pfanne ausgebacken wurden. Mit Zucker und Zimt bestreut schmeckten beide Variationen sehr gut, ganz gleich, ob man sie so heiß aß, daß man sich “de Schnüss verbrannt hät” oder die zuviel gebackenen Pfannkuchen später kalt genoß.

Auch in diesem Fall kann man sich überlegen, ob man es nicht noch etwas raffinierter hinkriegen könnte. Die Arbeit ist zwar etwas aufwendiger, hat aber den Vorteil, daß man die einzelnen Bestandteile des Desserts gut vorbereiten kann.

Diesmal wird ein besonders feiner Pfannkuchenteig aus Eiern, Sahne, Milch und Butter hergestellt, der dann auch noch mit Zitronenschale und Vanillezucker aromatisiert wird, bevor man daraus möglichst dünne Pfannküchlein backt.

Die füllen Sie mit einem *»Apfelragout*, das mit Butter und Puderzucker gedünstet und mit Zimt abgeschmeckt auch für sich schon köstlich schmeckt. Zusätzlich können

Sie einige Orangenfilets und den beim Herausschneiden sich ergebenden Orangensaft hinzugeben.

Ein technischer Hinweis sei erlaubt, wie Sie diese Filets gewinnen: Sie brauchen ein sehr scharfes Messer, schneiden damit zunächst das obere und untere Ende der Orange ab, stellen sie dann auf eine Arbeitsfläche und schneiden von oben nach unten, der Form der Frucht folgend, sowohl die äußere Schale als auch die Haut um die Orangenspalten ab. Dann schneiden Sie über einer Schüssel, um den herabtropfenden Saft aufzufangen, die einzelnen Spalten mit je zwei Schnitten zur Mitte hin zwischen den inneren Häutchen heraus und pressen zum Schluß den Saft aus der verbliebenen Frucht.

Als letztes gilt es nun noch, die *»Caramelsauce* herzustellen, zu der man nichts braucht, als Zucker, Sahne und einen Topf mit dickem, gleichmäßig leitendem Boden. Bei der vorgesehenen Menge von 60 g Zucker reicht ein 18 - 20 cm durchmessender Topf, in dem bei nicht zu großer Hitze der Zucker geschmolzen wird. Bitte lassen Sie ihm Zeit dazu, erst wenn er am Rande hell zu schmelzen beginnt, sollten Sie mit vorsichtigem Rühren beginnen. Wenn der Zucker ganz flüssig ist, heißt es: aufpassen! Die Sahne zum Ablöschen sollte bereitstehen und sofort hinzugegossen werden, wenn der Zucker braun wird, zu rauchen beginnt und sich kleine Schaumkrönchen bilden; nur dann erzielt man den idealen Caramelgeschmack.

Nochmals: Die Sahne zum Ablöschen sollte unbedingt bereitstehen, denn wenn Sie vor lauter Rauch die Hand vor Augen nicht mehr sehen, ist nicht nur die Sauce hin, sondern auch der Topf reif für den Mülleimer.

Alles weitere ist ganz einfach. Unter gleichmäßigem Umrühren läßt man die Sahne köcheln, bis sich der zunächst glashart gewordene Caramel aufgelöst hat. Und die 1 - 2 Eßlöffel Crème fraîche, die man nach dem Erkalten der Sauce hinzugibt, müssen zwar nicht sein, heben aber den an sich schon köstlichen Geschmack noch weiter an.

Der gedankliche Sprung zum Reibekuchen ist hier nur legitim, weil in beiden Fällen die Pfanne mitwirkt; ich erlaube ihn mir aber vor allem deshalb, weil bei der Verwendung von Eigelb bei der Zubereitung der Rievkooche ja einige Eiweiß übriggeblieben sind, für deren "Entsorgung" ich Ihnen noch zwei Rezepte schuldig bin, die wiederum sehr gut in diese Rubrik passen.

Da wären zunächst die *»Makronen*, von den Rheinländern mit ihrer Liebe zur Verkleinerungsform eher "Makrönschen" genannt. Und die sind wirklich ganz einfach zu machen.

Man braucht dazu ebensoviel Zucker, wie man Eiweiß hat, das nun mit einer Prise Salz angeschlagen und dann unter allmählicher Zugabe der Hälfte des Zuckers sehr steif geschlagen wird. Darunter zieht man gemahlene Mandeln oder Haselnüsse, wiederum ebensoviel wie das Gewicht des Eiweißes, den Rest des Zuckers und etwas Mehl. Und das war´s eigentlich schon.

Die klebrig-feuchte Masse wird auf Backpapier oder Backoblaten gesetzt, am einfachsten mit Hilfe eines Löffels, ein paar gehobelte Mandeln können darübergestreut werden, und dann ab damit in den auf 160 - 170 Grad vorgeheizten Backofen, wo die Makronen 15 - 20 Minuten bleiben müssen. Sie sollten außen knusprig, innen aber noch weich sein.

Sie können die ganze Masse aber auch auf Backpapier ausstreichen oder in einer Springform backen und dann als Tortenböden für feine Creme- oder Sahnetorten verwenden.

Die zweite Möglichkeit zur “Resteverwertung” wäre eine *»Mousse au chocolat*, eine sehr feine Schokoladencreme, die leicht ist - gemessen an vergleichbaren Zubereitungen - und auch nicht allzu schwer zu machen ist. Zwei Dinge sollten Sie allerdings beachten: Nehmen Sie unbedingt die beste Bitterschokolade, die Sie kriegen können und die mindestens 70% Kakao-Anteil hat. Und schlagen Sie das Eiweiß sehr, sehr steif, was mit heutigen elektrischen Handrührern ja keine unzumutbare Strapaze ist.

Sonst ist alles ganz einfach. Sie schmelzen die Schokolade im Wasserbad, geben Puderzucker hinzu, der unter Zugabe von 2-3 Eßlöffeln heißen Wassers und Orangenlikörs ebenfalls geschmolzen und mit der Schokolade zu einer lauwarmen Creme verrührt wird. Ein Drittel des sehr steif geschlagenen Eischnees wird daruntergerührt, damit die Creme lockerer wird, dann wird der restliche Schnee vorsichtig untergehoben. Danach braucht die Mousse nur noch für einige Stunden kaltgestellt zu werden, entweder in einer größeren Schüssel, aus der Sie später mit einem Löffel Nocken abstechen oder in geeigneten Portionsförmchen.

Es versteht sich von selbst, daß bei dieser Zubereitung nur allerfrischste Eier verwendet werden dürfen, da diese ja nicht erhitzt werden. Die fertige Mousse sollte auch innerhalb eines Tages verzehrt werden.

Nun könnte es ja sein, daß Sie Appetit auf diese Mousse, aber gerade kein Eiweiß übrig haben. Dann wissen Sie nicht, was Sie mit dem Eigelb machen sollen. Nicht verzagen, denn damit können Sie eine *»Weiße Mousse au chocolat* herstellen, die mit der dunklen sehr gut harmoniert und, gemeinsam mit ihr serviert, nicht nur fürs Auge etwas bietet.

Außer den Eigelb brauchen Sie wiederum sehr gute weiße Schokolade, Sahne und Puderzucker - und eine Tasse Wasser. Ach ja, diesmal muß auch Gelatine mit hinein, damit die Creme fest wird.

Die Schokolade wird mit dem Puderzucker in der Hälfte der Sahne erwärmt und aufgelöst, die Eigelb werden mit dem Wasser leicht aufgeschlagen und dann zu der Schokoladensahne gegeben. Unter ständigem Rühren wird alles zum Kochen gebracht, dann vom Herd genommen; die eingeweichte Gelatine wird darin aufgelöst, und die Creme wird durch ein Sieb in eine Schüssel umgefüllt.

Im kalten Wasserbad kann sie dann unter gelegentlichem Umrühren abkühlen. Erst wenn sie nur noch schwach lauwarm ist, ziehen Sie die andere Hälfte der Sahne steifgeschlagen darunter.

Auch diese Creme muß ein paar Stunden kaltgestellt werden, aber das Warten lohnt sich.

Und falls Sie Kinder damit bewirten, sollten Sie vor allem von der weißen Mousse die doppelte Menge machen. Mindestens ...

Nun wäre das Kapitel "Süßes" gewiß nicht vollständig, wenn man nicht auch den Kuchen einbezöge.

Das Rheinland ist zwar keine Hochburg der Zukkerbäckerzunft, aber vor allem zwei Produkte der Backkunst darf man wohl als "typisch rheinisch" bezeichnen: die "Appel- und die Prommetaat".

Dies mit Apfel- und Pflaumenkuchen zu übersetzen, trifft es nicht ganz, und auch der Begriff "Torte" entspricht nicht dem, was man sich gemeinhin darunter vorstellt, schon gar nicht den hauchdünnen Obst-"tartes" französischer Prägung, die hier nur als Namensgeber Pate gestanden haben.

Nein, die Appeltaat und die Prommetaat sind eine deftige Angelegenheit, kaum als Nachtisch gedacht, sondern schon eher ein Hauptgericht, zumal sie in der Regel nicht in der Tortenform, sondern auf dem Backblech gebacken werden und die Portionen dann entsprechend großzügig dimensioniert werden können.

Grundlage ist in jedem Fall ein solider Boden aus Mürbe- oder Hefeteig; es wäre müßig, darüber zu streiten, was nun vorzuziehen wäre. Dies ist eine Frage des persönlichen Geschmackes, wobei festzustellen wäre, daß die Prommetaat häufiger mit Hefeteig zubereitet wird, da dieser nicht so schnell durchweicht.

Außerdem braucht man natürlich "Promme", genauer gesagt Zwetschgen, und da am besten die Haus- oder Spätzwetschgen mit festem Fleisch, die beim Backen ihre Form behalten. Es versteht sich von selbst, daß sie dicht an dicht auf den Teig gesetzt werden, umso besser schmeckt dann das saftig-lockere Ergebnis. Sonst kann man nicht mehr viel tun, außer vielleicht reichlich Streusel über die Pflaumen zu geben.

Bei der "Appeltaat" bietet sich ein Mürbeteig vor allem dann an, wenn man einen Teil davon als Abdeckung verwenden möchte, sei es als geschlossene Decke oder als "Riemchenapfel", bei dem der dünn ausgerollte Teig in schmale Streifen geschnitten oder mit dem Teigrädchen gerollt wird, die dann in dekorativen Rauten über den Äpfeln ausgebreitet werden.

Doch das alles darf als bekannt vorausgesetzt werden, und es wäre natürlich müßig, auf die Rezepte näher einzugehen. Statt dessen sollten wir uns überlegen, wie wir auch diese zweifellos wohlschmeckenden hausgebackenen Kuchen noch etwas verfeinern können.

Versuchen wir es am Beispiel einer *»Apfelcharlotte*, einer Tortenart, für deren Namen die englische Königin Charlotte, die Gattin George III. angeblich verantwortlich ist. Dabei wird eine Form mit Biskuit ausgekleidet, in den dann eine cremige Masse eingefüllt wird.

Für die Apfelcharlotte brauchen wir also zunächst einen *»Biskuit*, der nach dem Grundrezept mit 4 Eiern und den entsprechenden Mehl- und Zuckermengen am besten in der selben Form gebacken wird, die nachher für die Charlotte dient. Dann muß man etwas basteln, aber so schlimm ist es auch wieder nicht. Und wenn erst die Apfel-Sahne-Creme erstarrt und die Torte hübsch dekoriert ist, wird man vom zugleich intensiven wie leichten Geschmack mehr als belohnt. Noch einen Vorteil hat diese Zubereitungsart: Die Frage, ob man Sahne zum Kuchen nimmt, stellt sich gar nicht erst.

Das genaue Rezept finden Sie, wie immer, im Rezeptteil. Und da steht auch, wie man eine ebensoleichte "Prommetaat" zaubert oder eine "Charlotte von der Williams-Birne". Und das wäre dann sogar ein sehr elegantes Dessert.

Das Trinken lernt der Mensch zuerst

Wör doch schad öm dä schöne Duursch

Auch auf die Gefahr hin, sattsam Bekanntes zu wiederholen, muß es festgestellt werden: Trinken ist nicht nur die erste Form der Nahrungsaufnahme, die der neugeborene Mensch braucht, es ist auch für den Erwachsenen unverzichtbar. Ein paar Tage ohne feste Nahrung, selbst ein paar Wochen, stellen keine wirkliche Lebensgefahr dar - nicht, daß es ein erstrebenswerter Zustand wäre.

Aber ein paar Tage ohne Trinken? Undenkbar! Und dabei rede ich jetzt nur von Flüssigkeit jedweder Art, die der Körper dringend für seine Existenz benötigt. Und wenn man schon gezwungen ist, zu trinken, warum soll man es dann nicht auf eine möglichst angenehme und wohlschmeckende Weise tun?

Ich weiß nicht, ob im Rheinland mehr getrunken wird als in anderen deutschen Landen, das mögen meinetwegen die Statistiker herausfinden, soweit sie es nicht schon getan haben. Es ist ja auch nicht nur eine Frage der absoluten Menge, sondern der darin enthaltenen Ingredienzen, also Nährstoffe aller Art.

Der Kenner wird merken, daß ich jetzt nicht von Mineralien und anderen Spurenelementen rede, wie man sie auf den Etiketten von Wasserflaschen verzeichnet findet. Jut, Wasser kann man auch trinken, wenn et sein muß, wenn me krank is oder en Jelübde jetan hat oder wat weiß ich ... aber sons, dat pure Jift!

Bleiben also Obst- und Fruchtgetränke aller Art - soll ja sehr gesund sein mit all´ den Vitaminen - und die Erfrischungsgetränke, über deren gesundheitliche Auswirkung man doch sehr geteilter Meinung sein kann. Für den richtigen Rheinländer sind das ohnehin alles nur Notlösungen, wenn man sehr großen Durst hat, beispielsweise, und es weit und breit nichts Vernünftiges zu trinken gibt. Oder wenn man mit dem Auto unterwegs ist und kein "treues Dusseldier" findet, das seinerseits aufs Trinken verzichtet und einen später nach Hause fährt.

Somit kommen wir zum Wesentlichen: den alkoholhaltigen Erfrischungsgetränken. Denn erfrischen tun die doch eijentlich alle, wenn se schön kühl sin un me jenug davon zu sich nimmb.

Zugegeben, vom Schabau kann man das nicht so direkt sagen, aber es hindert einen ja niemand daran, zwischendurch mit einem gut gezapften Kölsch abzulöschen. Doch diesem "Bier der Biere" wollen wir, seiner Bedeutung entsprechend, ein eigenes Kapitel widmen, ebenso wie dem Wein, der zwar hier im Rheinland, was die Produktion angeht, eher ein Schattendasein (und dabei braucht der doch viel Sonne!) führt, aber als edler Begleiter zum Essen einfach unverzichtbar ist.

Bliebe also der Schabau, dessen Ableitung von "vinum sabaudum" wir im Zusammenhang mit dem "Schavuur" schon erwähnt haben. Früher wurde damit jede Form von Schnaps bezeichnet, heute versteht man darunter den einfachen Kornbranntwein, kurz Korn genannt. Der verhältnismäßig hohe Alkoholgehalt birgt dabei wohl am ehesten die Gefahr der Trunkenheit, zumal die durstlöschende Wirkung gering ist und das Kombinieren mit Kölsch dann zwar den Durst stillen mag, aber zugleich die Kontrolle über den Grad der Trunkenheit fast unmöglich macht. Dies mag dann dazu führen, daß ein sinnlos Bezechter am frühen Morgen in der Gosse liegt, umringt von besorgten Passanten, die nach einem Arzt rufen. Doch ein offensichtlich mit diesem Phänomen vertrauter Mann schüttelt den Kopf: “Der bruch keene Doktor mih, der bruch ene Pastuur! Ich loofe ens flöck en et Pasterat!”

Der nicht weit entfernt wohnende Pfarrer kommt auch schnell herbei und schickt sich an, dem vermeintlich Sterbenden die letzte Ölung zu geben. Da richtet sich dieser mit letzter Kraft auf: “Öm Joddes Wille, Här Pastuur, en däm Zostand bloß nix Fettijes!”

Doch so weit muß es ja nicht kommen. Zwar ist die Versuchung groß und der Genuß an keine Jahreszeit gebunden - (“De Schabau schmeck am beste, wenn de Tanne jrön senn.” - Also immer!) - aber warum sollte man sich nicht mit einem Gläschen begnügen ... gegen die Kälte, versteht sich! Andererseits: “Op eenem Been kamme net stonn.” - Auf einem Bein kann man nicht stehen. Und das führt dann letztlich dazu, daß man auch auf zwei Beinen nicht mehr stehen kann.

Es wäre allerdings ungerecht, einen solchen Menschen gleich als “Schabauskraat” (Schnapskröte) zu bezeichnen. Bevor es soweit kommt - und möge dieser letzte Grad des Alkoholikers nie erreicht werden - gibt es noch eine Reihe weitaus weniger schlimmer Abstufungen.

Das beginnt zunächst mit der Tätigkeit des Trinkens an sich: “Lomme (Laß uns) eene nünne, eene petsche, eene packe!” heißt es ganz harmlos, und warum auch sollte man nicht einen trinken? Doch dann wird “jepött”, nicht zufällig von “Pott” = Topf abgeleitet und schließlich ungehemmt “jebloose” und “jesoffe”. Die Folgen sind unvermeidbar. Man wird “beduselt”, “knöll”, “kradevoll”, “kardaunevoll”, “stänevoll” und schließlich, kaum mehr zu überbieten, “stäne-jedresse-voll” und “krütz-jranate-stäne-hagel-voll”.

Wenn sich jemand dennoch weitgehend unter Kontrolle hat und schlimmstenfalls einen leicht bezechten, noch durchaus liebenswerten Eindruck erweckt, mag man ihn noch als “besoffe Bölzje” apostrophieren, doch der Weg zur “Suffüül”, zur “versoffe Kraat” oder “Suffkraat” und zur “Suffnaas” ist dann nicht mehr weit. Die “süff wie en Senk”, wie eine Senkgrube und tut “em versoffene Kopp” Dinge, die sie später bereut.

Das gilt dann insbesondere für Quartalssäufer, die wieder das Saufen angefangen (“aufgepackt”) haben. “Der hät widder et Suffe opjepack.” Und eine Lizenz zum Saufen gibt es eigentlich nur, wenn es sozusagen heilige oder doch zumindest Ehrenpflicht ist: nach dem Leichenbegängnis. Dann “wird et Fell versoffe”, ein Ritual, das offenbar unabdingbar ist, um das Seelenheil des teuren Verblichenen nicht zu gefährden.

Die beschriebenen Probleme hindern den überzeugten Trinker nicht daran, im Kampf gegen den Alkohol fortzufahren und ihn zu vernichten, wo immer er sich ihm in den Weg stellt. Tünnes und Schäl sind die Protagonisten dieser Bewegung, die “Weetschaff an der Eck” ist ihre Heimat, für die sie inbrünstig einstehen. Und sie können gar nicht verstehen, daß jemand die hochprozentigen Produkte nicht mag. Als sie an einer Spirituosenhandlung vorbeikommen, stößt Schäl den Freund in die Seite: “Luur ens, Tünnes, do wonnt ene Jeck." "Wieso dat dann?" "Dä hät Schabau - un verkööf en!"

Und als sie nach einem Besuch beim Arzt mit einem Rezept zur Apotheke gehen, versuchen sie auch dies, in ihrem Sinne zu nutzen.

"Tut mir leid, das Rezept kann ich nicht lesen." "Eh dat me jeck drövver werde ... könnt et vielleech Schabau heeße?"

Auch der nicht mehr ganz gesunde Mann, dessen Frau ihn vor den Schädigungen des hochprozentigen Getränks zu bewahren versucht, weiß guten Rat.

"Der Doktor hät dir doch verbodde, beim Esse Schabau ze drinke." "Joo, du häs rääsch! Don dat Esse fott!"

Ohne etwas Nahrhafteres als den Schabau geht es allerdings auch nicht, will der Mensch nicht nur am Leben, sondern auch leistungsfähig bleiben. Deshalb muß man ernsthaft über Alternativen zum Essen nachdenken, und was böte sich in diesem Zusammenhang eher an als das "flüssige Brot", dem auch wir uns nun zuwenden wollen.

Kölsch ist mehr als ein Bier

"Köbes, doot noch zwei!" - "Kütt!"

"Kütt!" (Kommt!) Wie erlösend klingt dies für den Durstigen, zumal, wenn er weiß, daß dem Wort bald die Tat folgen wird. Denn ein Kölsch braucht nun einmal deutlich weniger als sieben Minuten, bis es gezapft ist, und genauso schnell wird es dann auch serviert. Geradezu paradiesisch erscheinen dann die Zustände in größeren Brauhäusern, wo der Köbes mit einem Kranz frischgefüllter "Stangen" die Runde macht und gar nicht fragen muß, ob er ein neues Kölsch servieren darf.

Doch bevor der Durst genußvoll gestillt werden kann, muß das Kölsch zunächst einmal gebraut werden. Dabei ist selbstverständlich, daß auch hier das Reinheitsgebot von 1516 gilt, daß also nur Wasser, aus Brau-Gerste oder Weizen hergestelltes Malz, Hopfen und Hefe als Zutaten erlaubt sind.

Kölsch gehört zu den Vollbieren und erreicht bei 11-13% Stammwürze einen Alkoholgehalt von 4 bis knapp 5 Prozent; die meisten auf Flaschen abgezogenen Marken geben einen Gehalt von 4,8% an. Damit ist Kölsch alles andere als leicht, wie schon mancher Bayer feststellen mußte, der Maßkrüge mit dem wesentlich alkoholärmeren Leicht- oder Schankbier gewohnt war und angesichts der kleinen Gläschen, die in seinen bajuwarischen Pranken fast verschwanden, zunächst herablassend lächelte. Allerdings tat er dies nur so lange, bis er nach dem 10. oder 12. Kölsch Bilanz ziehen mußte.

Kölsch unterscheidet sich von fast allen anderen, untergärig gebrauten Bieren durch die obergärige Brauart. Ursache dafür ist eine speziell gezüchtete Bierhefe, die sich nach der Gärung an der Oberfläche des Gärbottichs absetzt und dann abgeschöpft wird.

Geschmacklich allerdings ist das "Kölsch" ein leichtes, feinherb schmeckendes Bier, über dessen nierenspülende Wirkung wahre Wunderdinge erzählt werden. Eines dieser "Wunder" habe ich selbst erlebt.

Ein Onkel war mit schweren Nierenkoliken ins Krankenhaus eingeliefert worden, die Diagnose lautete auf Nierensteine, der entsprechende Eingriff sollte am nächsten Tag vorgenommen werden. Doch bis dahin - sozusagen als letzter Versuch - wurde mein Onkel, ein passionierter Pilstrinker, dazu verdonnert, mehrere Flaschen Kölsch zu trinken, vom Arzt wohlgemerkt und im Krankenhaus - ob die Krankenkasse das bezahlt hat, weiß ich bis heute nicht.

Jedenfalls: Das Unglaubliche geschah. Die Nierensteine suchten das Weite, der Patient konnte am nächsten Tag als geheilt entlassen werden. Als ich meinen Onkel kurz danach besuchte, begrüßte er mich freudestrahlend mit einer Kölschstange in der Hand. "Heinz, willste e Kölsch? Es e lecker Bier!"

Jetz mal nüchtern betrachtet - soweit dat bei dem Thema überhaupt jeht: Wemme bedenk, wat so en Operation koß, un dann noch e paar Tag im Krankenhaus, un der Verdienstausfall un all dat, da wär et doch im Zug der Krankheitsreform - oder heiß dat: Jesundheitsreform? Wat jibt et dann an de Jesundheit zu reformieren? - jedenfalls wäre et doch dann dat Billigste, wenn et dat Kölsch auf Krankenschein oder Rezept oder so .... Die Brauhäuser hätten bestimmb nix dajejen und Tünnes un Schäl auch net.

Doch das Kölsch, wie wir es heute kennen, ist noch nicht so alt, wie man vermuten möchte. Erst gegen Ende des 19.Jahrhunderts gab es leistungsfähige Filteranlagen, die das trübe Getränk zu jenem blanken "Kölsch" machten, das uns auch heute aus dem schlanken, zylindrigen Glas entgegenlacht. Bis dahin gab es das obergärige Bier naturtrüb als "Wieß" und "Brung" - Weiß und Braun - und daneben eine Reihe anderer, untergäriger Biere, wie das "Kölsche Knupp".

Über 100 Hausbrauereien taten das ihre, den Durst zu löschen, was zunächst vorwiegend abends und in den eigenen vier Wänden geschah, wie Ernst Weyden in seiner

Chronik für den Beginn des 19.Jahrhunderts berichtet. Das Bier wurde in Deckelkannen von den Brauereien zum Abendtrunk geholt, vor allem in der wärmeren Jahreszeiten dürfte das Klappern der Deckel Musik nicht nur in den Ohren der Brauereibesitzer gewesen sein.

Bier war damals - im Vergleich zum Wein - das Getränk der ärmeren Bürger und weit davon entfernt, Kultstatus zu haben. Einfachste Qualitäten wie "Schillings Bier" kosteten nur einen Pfennig pro Maß; es galt schon, wie Ernst Weyden erzählt, als Verschwendung, daß seine Eltern im Jahre 1804 bei ihrer Hochzeit "drei Fettmännches Bier", das Maß zu sieben Pfennig, tranken.

Dabei waren die Geschmäcker von den heutigen durchaus verschieden und aus unserer Sicht sehr gewöhnungsbedürftig. Nicht nur, daß man Warmbier, das sogenannte "Waermb" anstelle des noch unerschwinglichen Kaffees trank, der dann später wieder durch andere Surrogate wie geröstete Gerste und Zichorie ersetzt wurde, nein, der Gipfel des Genusses war der "Kirmestrank", Bier mit Zitronenscheibchen und "Beschot" (Muskatnuß) gewürzt, für die man eigens eine Beschotreibe mit sich führte.

Die Industrialisierung in der 2.Hälfte des 19.Jahrhunderts brachte auch bei der Bierherstellung geradezu revolutionäre Umwälzungen. Kühlanlagen erlaubten die Produktion untergäriger Biere auch in der heißeren Jahreszeit, und die rasch entstehenden Großbrauereien setzten zunächst auf die Produktion von Pils und Exportbier. Viele kleine Hausbrauereien waren da nicht mehr konkurrenzfähig. Die beiden Weltkriege taten ein übriges, und vor allem der zweite Weltkrieg mit seinen Zerstörungen dezimierte ihre Zahl.

Doch dies brachte auch die Möglichkeiten eines unbelasteten Neubeginns. Kölsch wurde zum Symbol einer Lebensart; anders als etwa das Pils war es nicht nur ein Bier besonderer Brauart, sondern auch in der Region verwurzelt, in der es gebraut und - was wichtiger ist - getrunken wurde.

Die Zahl der Kölsch-Marken wuchs schnell wieder an, wenn sie auch nicht annähernd die Zahlen des 19.Jahrhunderts erreichte. Doch der entscheidende Schritt war, daß nach fast zwei Jahrzehnten juristischer "Schaumschlägerei" festgestellt wurde, daß "Kölsch" nicht nur als Biertyp, sondern auch vom Herkunftsgebiet her festgelegt wurde.

Der Kölner-Brauerei-Verband ließ eine Konvention ausarbeiten, die nach Prüfung schließlich durch das Bundeskartellamt anerkannt und im Jahre 1986 durch die von 23 Kölner (und 1 Bonner) Brauern geleisteten Unterschriften rechtskräftig wurde. Es versteht sich von selbst, daß dies in festlichem Rahmen und im Beisein des damaligen Kölner Oberbürgermeisters Norbert Burger geschah, und als ebenso selbstverständlich dürfen wir annehmen, daß dabei auch Kölsch getrunken wurde.

Inzwischen hat dieses süffige Bier zumindest in seiner "Vaterstadt" so etwas wie Monopolcharakter. Die Flaschenabfüllung hat gewiß zur Verbreitung auch über die Region hinaus beigetragen und beschert Rheinländern auch im fernen Bayern oder Sylt Heimatgefühle, aber unter passionierten Kölschtrinkern steht es außer Frage, daß ihr liebstes Getränk am besten frisch vom Faß schmeckt. Die Brauereien haben dem Rechnung getragen und in den letzten Jahrzehnten neben den traditionsreichen alten Brauhäusern neue eingerichtet, vor allem in der Altstadt, aber sicher nicht nur, um damit touristischen Belangen Genüge zu tun. Und wer das Vergnügen eines frischgezapften Kölschs bei einer häuslichen Feier erleben möchte, für den gibt es nicht nur in Köln, sondern überall in der näheren und weiteren Umgebung gut gekühlte kleine Fäßchen, die "Pittermännche", zu erwerben.

Dennoch: Nichts geht über den Besuch in einer richtigen "Weetschaff", genauer gesagt und ohne den durchaus ambitionierten Gaststätten in den umliegenden Ortschaften Verdienste um ein gepflegtes Kölsch und alles, was dazu gehört, absprechen zu wollen: in einer "kölschen Weetschaff".

Zwar sind die Zeiten vorbei, in denen das Kölsch direkt vor Ort gebraut wurde, nur noch wenige Kölner Brauereien sind Hausbrauereien im engen Sinne des Wortes. Die anderen "lassen brauen", auch die einzige an der Kölsch-Konvention beteiligte Bonner Brauerei. Und längst sind die Zeiten vorbei, als ein unverkennbarer Duft über den Stätten (und den Städten) lag, der anzeigte, daß neuer Gerstensaft für durstige Kehlen entstand. Aber die Atmosphäre in den wirklich alten oder auch "alt" gestalteten Kölschen Wirtschaften wird weit stärker durch ein spezifisches Speisenangebot bestimmt, dessen Eigenständigkeit sich auch heute noch durch den Begriff "Foderkaat" und die kölsche Schreibweise der rheinischen Gerichte zeigt. Natürlich stehen auf dieser Speisekarte auch die entsprechenden Übersetzungen in fremde Sprachen wie Hochdeutsch, Englisch, Französisch oder sogar Japanisch.

Doch das Wichtigste ist der Köbes, der nicht nur deshalb untrennbar mit Köln und dem Kölsch verbunden ist, weil sein Name mit demselben Buchstaben beginnt. Er ist fürwahr die Seele des Geschäfts, der gute Geist, auch wenn er in eine manchmal rauhe Schale eingeschlossen ist.

Ebenso wie bei den traditionellen Kammerdienern oder Butlern, bei denen Johannes oder James zu Synonymen für den Beruf geworden sind, ist auch die rheinische Form von Jakob zur Bezeichnung für den "Kellner" in den Brauhäusern geworden, und warum es gerade der Köbes war, scheint niemand zu wissen, nicht einmal der fast allwissende Professor Dr. Adam Wrede.

Der Köbes war ursprünglich nichts anderes als der Brauerbursche, der in der Hausbrauerei das Bier in die mitgebrachten Kannen und Krüge der Kunden abfüllte. Seine Kleidung zeigt es noch heute, ein blaues Strickwams und eine gleichfalls blaue Leinenschürze, zu der noch eine um den Körper geschnallte lederne Geldtasche kommt. Die Trennung zwischen seiner Tätigkeit und der des "Zappes", des eigentlichen Zapfers oder Zapfburschen, ergab sich vermutlich erst, als die Brauhäuser nach und nach dazu übergingen, Bänke und Tische aufzustellen, das Kölsch direkt an die Gäste auszuschenken und man damit jemanden brauchte, der es ihnen brachte.

Das tat nun der Köbes, und er tut es noch heute, tut es oft unaufgefordert, indem er mit dem Kranz frischgefüllter Gläser die Runde macht und damit gleichsam das Tempo des Trinkens diktiert.

Auch sonst wacht er mit geradezu väterlicher Fürsorge über das Wohl seiner Gäste und die Einhaltung der guten Sitten. So kann es dem Gast, der ein Mineralwasser bestellt, durchaus passieren, daß er gefragt wird: "Seife und

Handtuch dazu?" Und auch der bereits stark Angetrunkene, der mit schwerer Zunge: "Noch ene dubbelte Schabau!" bestellt, riskiert zu hören: "Soll ich de Notarz vürher roofe oder donoh?"

Die Schlagfertigkeit der Vertreter dieser ungewöhnlichen Berufsgattung – dat hab´ ich extra so ausjedrückt, um de Mehrzahl von Köbes zu umjehen; wie sagt me dann da? Köbesse oder wie? Weiß wieder keiner, net emal der Wrede! – ist inzwischen weithin gerühmt, und eine sehr ungewöhnliche Anekdote mag das belegen.

Ein Freund hatte mit einigen Gästen ein bekanntes Brauhaus unweit des Doms besucht. Unter ihnen befand sich eine japanische Musikstudentin, und nach einigen Kölsch kam man auf die Idee, sie zu bitten, "Köln" auf einen Bierdeckel zu schreiben, in japanischen Schriftzeichen, versteht sich.

Als der Köbes die nächste Runde machte, zeigte man ihm dieses Dokument und fragte ihn, ob er wisse, was das heiße. Der brave Mann schüttelte nur den Kopf. "Dat heißt Köln auf japanisch!" wurde er aufgeklärt. Ungerührt nahm der Köbes den Bleistift hinterm Ohr weg und machte mit zwei kurzen Bewegungen aus dem Handgelenk zwei Schrammen auf den Bierdeckel: "Fehlen aber de Ö-Strichelche."

Bliebe zum Schluß die wichtige Frage zu klären, wie man denn eigentlich mit diesem unverzichtbaren Teil kölscher Brauhaustradition spricht, genauer gesagt, wie man ihn anredet, und damit ist jetzt nicht gemeint, ob er womöglich auch Hochdeutsch als Sprache akzeptiert.

Man kann natürlich "Du" zu ihm sagen, wenn man seit etwa 25 Jahren (mindestens!) am Stammtisch sitzt, seine Kinder aus der Taufe gehoben hat und vielleicht sogar seinen richtigen Namen kennt.

Aber die einzig korrekte Form der Anrede ist die in der 2.Person Mehrzahl, also "Ihr", auf gut rheinisch "Ühr".

Dementsprechend lauten auch die Bestellungen: “Doot (tut, bringt) mer noch e Kölsch!” oder “Jett (Gebt) mer ens de Kaat!”, falls man nicht ohnehin gleich bestellen will: “Doot mer nen halven Hahn un e Krüßje Julasch.”

Und nachdem Sie dies nun wissen, wünsche ich Ihnen viel Vergnügen beim Besuch eines kölschen oder, so Sie es denn finden, anderen rheinischen Brauhauses.

Im Wein liegt Wahrheit

Et versuffe mih Lück em Wing wie em Wasser

Kölsch schmeckt, wie alle Liebhaber dieses edlen Gebräus wissen, am besten vom Faß und in der Atmosphäre eines alten Brauhauses. Für den Wein könnten ähnliche Kriterien auch gelten, und jeder, der in südlichen Gefilden beim Sonnenuntergang oder in einem Wiener Heurigen einen Wein wundervoll fand, der ihm dann zu Hause gar nicht mehr schmeckte, weiß, daß die Umgebung ebenso wie die Stimmung erheblichen Einfluß auf den Genuß hat.

Leider ist die Möglichkeit, dieses Gefühl in den Großstädten nachzuvollziehen, sehr stark eingeschränkt. Weinstuben, in denen man vom guten Schoppenwein bis zu gehobenen Qualitäten den Rebensaft glasweise verkosten kann, in denen der Weingenuß die Hauptsache ist und kleine Speisen nur als Begleiter dienen, sind selten geworden. In Bonn wäre da nur noch ein altes Weinhaus, das sogenannte Hospitälchen in der Friedrichstraße zu nennen, ob es in Köln Vergleichbares gibt, kann ich aus eigener Erfahrung nicht sagen.

Zwar reimt sich Wein sehr schön auf Rhein, und dies hat den Textern feucht-fröhlicher Gesänge die Arbeit gewiß erleichtert, und auch Rheinlande scheint mit Weinland eine fast ideale Ehe einzugehen, doch trifft dies (leider) nicht auf unser Rheinland im engeren Sinne zu, das im Wesentlichen die Köln-Bonner Bucht und ihre unmittelbare Umgebung umfaßt.

Wenn wir allerdings darüber hinaus sehen, dürfen wir feststellen - und dies ohne das Weinbaugebiet Saale-Unstrut gering zu achten -, daß der Rhein mit seinen Nebenflüssen tatsächlich so etwas wie Exklusivrechte auf den Rebenanbau in Deutschland hat. Zwar ist das Wasser im Rhein kein goldener Wein, aber was auf den Weinbergen und -hängen ringsum heranreift, kann - auch für die Winzer - pures Gold sein.

Immerhin gibt es auch sozusagen vor unserer Haustür ein Weinbaugebiet, das in guten Jahren beachtliche Qualitäten bringt. An den Hängen des Siebengebirges, in Oberdollendorf und Rhöndorf, finden wir nicht nur stattliche Rebenanpflanzungen, sondern auch endlich jene Weinstuben, die wir in den Städten vermissen.

Besonders reich ist da ein malerischer Ortsteil Königswinters, das von zahlreichen Fachwerkhäusern gezierte Oberdollendorf gesegnet, und an der steil ansteigenden, ins Siebengebirge führenden Heisterbacher Straße liegen gleich mehrere Weinhäuser. Unmittelbar am Fuß der Dollendorfer Hardt, praktisch mitten im Weinberg gelegen, wäre dabei als „primus inter pares", als erstes unter Gleichen, ein jahrhundertealtes Weingut zu nennen. Es überrascht im Sommer mit einem riesigen, baumbestandenen Garten, in dem Selbstbedienung mit einer reichen Auswahl offener Weine zur Freude wird, überzeugt mit historisch gewachsenen Gasträumen und überwältigt schließlich mit einer Weinkarte, die ihresgleichen höchstens noch bei hochbesternten Gourmetrestaurants findet, deren Preisgestaltung allerdings wesentlich moderater ist und dem ambitionierten Weinfreund Freudentränen entlockt.

Trauern wir also nicht so sehr über das, was uns Städtern verloren gegangen ist, sondern seien wir dankbar, daß es in der Nähe und zudem gut erreichbar mit öffentlichen Verkehrsmitteln solche Zufluchtsstätten gibt.

Allerdings gibt es doch manchen Grund, der guten alten Zeit nachzuweinen, in der Wein nicht nur von wenigen Hobbywinzern - darunter extrem publicity-süchtigen - sondern auch von vielen anderen in den Städten angebaut wurde und zwar in großer Menge. Lassen wir auch hier wieder Ernst Weyden zu Wort kommen, der in seiner Chronik vom Beginn des 19.Jahrhunderts gerade die alltäglichen Dinge berichtet und damit einen bemerkenswerten Einblick in das damalige Leben der „kleinen Leute“ gibt.

Er erzählt: „Mehr als ein Drittel des inneren Berings der Stadt nehmen die Weingärten ein“, nennt dann die Straßen und Bereiche, unter denen der Eigelstein heute noch am bekanntesten sein dürfte und fährt fort: „Was Wunder, daß hier mehr als 10.000 Ohm (=kleines Faß, etwa 1/6 Fuder und somit zwischen 100 und 300 Liter fassend) gezogen werden konnten! Zwischen den Weinspalieren waren die sogenannten Gänge, die Felder zum Gemüsebaue.“ Allerdings verrät er nichts über die Qualität der Weine, dafür umso mehr über die Trinkgewohnheiten: „Die alten Trinkstuben der Zünfte, die Zunftkeller der freien Reichsstadt, wurde doch sogar im „Domkeller“ Wein geschenkt, haben die Gewohnheit herüber gebracht, daß die Männer nach getaner Arbeit zu Wein und Bier gehen.

War auch Weinhandel eines der bedeutendsten Geschäfte der Stadt, so ist die Zahl der Weinstuben im Verhältnisse doch sehr gering." Immerhin, es gab sie!

Er berichtet weiter: „Weißer Wein wird sehr selten getrunken, gewöhnlich roter, „Bleichart" genannt, weil die Trauben sofort vom Stock gekeltert wurden und der Wein daher von leichter Farbe war. Der firne Wein hatte bei den meisten Trinkern den Vorzug. Wenige begüterte Familien gab es, die nicht ein größeres oder kleineres Weingut besaßen und dann vom eigenen Wachstum „propre crû" tranken. Im Herbst taten sich die Bürger in vielen der Kappesbauern Gärten am Most und neuen Weine bene (=gütlich)." Ausdrücklich erwähnt wird übrigens der Jahrgang „Eilf" (1811), der offenbar einen so großen Wein hervorgebracht hat, daß sogar Johann Wolfgang von Goethe ihn der Erwähnung für wert befand:

„Setze mir nicht, du Grobian,
Mir den Krug so derb vor die Nase.
Wer mir Wein bringt, sehe mich freundlich an,
sonst trübt sich der Eilfer im Glase."
(Schenkenbuch des „West-östlichen Divan")

Solch hervorragende Jahrgänge scheinen allerdings nicht die Regel gewesen zu sein, denn ansonsten pflegte man, wiederum Ernst Weyden zufolge, den Wein eher in einer Form zu sich zu nehmen, die etwa unserer heutigen Bowle entspricht, deren Genuß ja angeblich zu den Lieblingstätigkeiten gerade der Bonner gehört: Bötchen fahren, Teilchen essen und Bölchen trinken.

Weyden führt den Maitrank an, einen altrheinischen Kräuterwein, der mit damals noch sehr teurem Zucker und Kaneel (=Zimt), Zitronen und einigen zwanzig Kräutern angesetzt wurde und dann wenigstens 24 Stunden ziehen mußte. Desweiteren gab es die „Erbelekascholl", eine

Erdbeerenkaltschale und bei festlichen Anlässen im Sommer auch eine Kaltschale aus Wein, Korinthen, Zucker, Zimt und kölnischen Brezelchen.

Doch lassen wir Ernst Weyden noch ein letztes Mal selbst zu Wort kommen: „Bei den Maitrankparteien wurde der Maitrank aus großen grüngläsernen, geringten Humpen getrunken, welche nach alter Vätersitte in die Runde gingen. Die Maitrankhumpen haben die Form eines Fäßchens und vier Vertiefungen im Bauche, in welche man beim Trinken Daumen und Mittelfinger setzte, um die Last zu bewältigen. In den stammkölnischen Familien hieß der Maitrankhumpen der „Wibbel“. Auf dem Knauf des Deckels war eine elastische Feder mit einem silbernen Vogel angebracht, der sich, nahm man den Deckel ab, bewegte, kölnisch „wibbelte“. Solange der Vogel wibbelte, muß der, an welchem die Reihe, trinken, und sie trinken oft so lange in der Runde, bis keiner mehr den Vogel wibbeln sieht. Denn was der Kölner in solchen Dingen tut, das tut er recht - nichts halb.“

Soweit diese heiligen - pardon! - historischen Worte, die deutlich machen, daß den Rheinländern im allgemeinen und den Kölnern im besonderen die Fähigkeit des Geniessens in die Wiege gelegt ist, unabhängig von der jeweiligen Weinqualität. Die Vergleichsmöglichkeiten dürften zudem gering gewesen sein, denn die Weine aus halb Europa, mit denen man handelte, waren wohl nur für das gehobene Bürgertum erschwinglich - und für die hohe Geistlichkeit.

Nicht zufällig wurde die Sakristei des Doms seit (mindestens) 1816 als Weinkeller vermietet, noch bis in die 60er Jahre des vorigen Jahrhunderts. Die Miete wurde an das Domkapitel in „Naturalien“ entrichtet, und es ist zu vermuten, daß die geistlichen Herren sachkundig genug waren, um dabei voll auf ihre Kosten zu kommen.

Doch auch darüberhinaus tat man alles Menschenmögliche, um das Gedeihen der Reben zu fördern. Am Namenstag des heiligen Sixtus, dem 6.August, wurde um eine gute Weinernte gebetet, und bis in die Mitte des 19.Jahrhunderts, als der Weinbau in Köln allmählich zuende ging, zelebrierte man im Dom, in St.Gereon und St.Severin eine festliche Traubenweihe.

Wesentlich länger, nämlich bis zum Beginn des 20.Jahrhunderts, wurde umfangreicher Weinbau in einem Gebiet zwischen Köln und Bonn betrieben, das heute unverzichtbarer Lieferant für Obst und Gemüse ist: im Vorgebirge.

Die Chronisten berichten allerdings nicht allzu viel Schmeichelhaftes über die dort erzeugten Weine, die in erster Linie dazu gedient haben mögen, den Durst der in nächster Umgebung lebenden Bauern zu löschen. Dies hat, sehr zum Verdruß der örtlichen Geistlichkeit, häufig zu exzessiven Saufgelagen geführt, bei denen weniger der Geschmack als der Alkoholgehalt zählte. Mancher „suure Hond“ (saure Hund) dürfte dabei die Kehlen hinuntergespült worden sein. Immerhin hat wohl den Niederländern dieser Wein so zugesagt - es mag ja auch sehr gute Jahrgänge gegeben haben - daß sie Reben mit ans Kap der Guten Hoffnung genommen und dort offenbar erfolgreich ausgebaut haben. Die hochgerühmten südafrikanischen Weine heutiger Zeit könnten also durchaus Vorfahren aus jenem fruchtbaren Gebiet zwischen Köln und Bonn haben.

Die Gründung des Deutschen Reiches im Jahre 1870/71 und damit der Wegfall der Zollgrenzen zwischen den zahlreichen Kleinstaaten hat wohl mit dazu beigetragen, den Vorgebirgsweinen die wirtschaftliche Grundlage zu entziehen, da nun wesentlich bessere und dennoch preisgünstige Weine aus südlicheren, klimatisch begünstigten Landesteilen auf den Markt kamen. Gegen Ende des 19.Jahrhunderts war der Weinbau jedenfalls weitgehend dem Obst- und Gemüseanbau gewichen, und heute erinnern nur noch einige wenige alte Winzerhäuser an die weinselige Vergangenheit.

Es wäre ein Wunder, wenn die Trinkfreudigkeit der Rheinländer und ihre Liebe zum Wein nicht auch in die Sprache Eingang gefunden hätten, bietet doch der Weingenuß mit all seiner geschmacklichen Vielfalt genügend Ansatzpunkte für überschwengliches Lob wie für herbe - (dat kamme jetzt wieder wörtlich nehmen) - Kritik. Die liegen oft dicht beieinander, unterscheiden sich gar nur in der Betonung.

„Dat es e Wingche." - (Das ist ein Weinchen.) - bezeichnet bei Betonung auf „Wingche" tatsächlich einen kleinen Wein. Betont man hingegen „Dat", so haben wir unversehens ein respektvolles Lob, das durch den Zusatz „an dem kamme sich jesond (zom Schänzje) drenke!" noch bekräftigt wird. Auch den Satz „Dat es e Weinche, wat sich jewaschen hat!" muß man mehrmals lesen, um seinen Doppelsinn und die darin enthaltene feine Ironie, die dem Winzer gewiß nicht gefallen dürfte, zu erfassen.

Die blumigen Begriffe, mit denen Weinkenner und vor allem -tester Eigenschaften zu beschreiben versuchen, für die es keine Worte gibt, sind allerdings des Rheinländers Sache nicht. Entweder ein Wein schmeckt ihm, oder er tut es eben nicht. Kraftvolle Weine erfahren die verdiente Anerkennung: „Der pack eine beim Krage", oder „Der brink eine unter de Tisch." Höchstes Lob wäre dann: „Der schmeck, wie wenn einem e Engelche op (auf) de Zung jepiss hät."

„Ich muß gestehn, die Sauren mag ich nicht. Gebt mir ein Glas vom echten Süßen", heißt es in Goethes Faust in der Szene in Auerbachs Keller, und die „Sauren" scheinen auch nicht unbedingt Sache der Rheinländer zu sein. Da ist er schnell mit abwertenden Begriffen zur Hand, spricht vom „sauren Hund" und davon, daß man diesen Wein „keinem Esel en et Uhr schüdde (Ohr schütten) kann" oder verkündet noch drastischer die Auswirkungen der Säure auf die Kleidung: „Der treck (zieht) einem de Löcher en de Strömp (Strümpfe) zesamme!" und „Der treck enem et Hemb (Hemd) hingen erenn!" Hinten hinein? Wo hinein denn wohl?

Dabei vergißt man völlig, daß die Säure ein wesentlicher Bestandteil eines Weines ist, auch geschmacklich, daß sie unbedingt nötig ist, um ihm Charakter und Rasse zu verleihen und ihn haltbarer zu machen. Gerade die Rieslinge von Rhein und Mosel bringen viel Säure mit, und für den, der sie nicht mag, sei angeraten, diese Weine zunächst liegen zu lassen und auf den natürlichen Abbau der Säure zu vertrauen. Mancher „Sauerampfer" entpuppt sich dann nach 8 bis 10 Jahren in der hintersten Kellerekke als geschmackliche Offenbarung.

Doch es gibt ja eine Vielzahl weniger säurebetonter Weine, und noch nie waren die Möglichkeiten so groß, sie alle kennenzulernen, wenn es denn die Leber mitmacht. Alle? Selbst ein professioneller Weintester wird das nicht schaffen, zu groß ist die Zahl der Rebsorten, der Anbaugebiete und Lagen, die sich oft noch eine Vielzahl von Winzern teilen. Die schier unübersehbare Zahl von Weinen aus Nord- und Südamerika, aus Südafrika, Australien und Neuseeland - von anderen „Exoten" ganz zu schweigen - macht es unmöglich, das Angebot auch nur zu überschauen, zumal für den Laien, sei er auch noch so ambitioniert. So bleibt nur die Möglichkeit, jede sich bietende Gelegenheit zu nutzen, Wein bewußt in allen Facetten zu probieren und zu genießen und dabei die Leber nicht zu vergessen!

Auch da fehlt es nicht an Warnungen: „Och wieße Wing mäht ruude Nase!" (Auch weißer Wein macht rote Nasen.) Solange es nur die Nase ist, die von der Liebe zum Wein zeugt, mag das ja noch angehen, zumal man immer damit rechnen kann, daß wohlmeinende Mitmenschen darin eine Erkrankung sehen. Diesem Irrtum unterlag auch Bundeskanzler Dr. Adenauer, der einen Parteifreund bei einer Fraktionssitzung ansprach: „Sagense mal, dat mit Ihrer Nase, dat is wohl ne Krankheit?" Der Befragte, ein gestandener Württemberger, machte aus seiner Liebe zu einem guten Tropfen kein Hehl und antwortete mit fast preußischer Knappheit: „Nein, Herr Bundeskanzler, das kommt vom Saufen!"

Etwas dringlicher klingt schon die Ermahnung: „Et versuffe mih Lück em Wing wie em Wasser." Damit ist gewiß nicht gemeint, daß der Unglückliche in ein gefülltes Weinfaß fiele und dort ertränke, was ja immerhin ein schöner Tod sein könnte. Und wenn es denn allen Warnungen zum Trotz doch geschieht und die Leber oder andere wichtige Körperteile infolge übermäßigen Trinkens den Dienst versagen, stellt man ohne allzu großes Bedauern fest: „Der hät sich duutjesoffe." (Er hat sich zu Tode getrunken.) Und daran muß nicht nur der Wein schuld sein.

Doch so traurig soll dieses Kapitel nicht enden, zumal ja gerade der Wein wie kaum ein anderes Getränk imstande ist, Lebensfreude zu vermitteln. Er regt den Kreislauf an, hebt die Stimmung und steigert sogar die geistigen Fähigkeiten: „Wo Wing erenn jeht, jeht Witz eruss." (Wo Wein hineingeht, geht (kommt) Witz heraus.) Dies alles gilt nur dann, wenn der Wein in Maßen genossen wird, will sagen: maßvoll, nicht etwa in Maßkrügen. Mögen sich die Mediziner darüber streiten, welche Menge der Gesundheit förderlich ist, wir halten uns lieber an die Empfehlung eines klugen Mönches, der auf die Frage nach dem Beginn der Maßlosigkeit beim Trinken sinngemäß antwortete:

„Die Maßlosigkeit beginnt da, wo Bekömmlichkeit und Verträglichkeit enden. Wenn jemand nach einem Viertele Weins trunken und nicht mehr ganz Herr seiner Sinne ist, so beginnt für ihn mit dem zweiten Viertele die Maßlosigkeit. Ein anderer mag drei Viertele zu trinken imstande sein, bevor er deren Wirkung verspürt, für ihn begänne die Maßlosigkeit mit dem vierten Viertele. Mir aber hat der allmächtige Herr in seiner unendlichen Güte die Gabe verliehen" - und dankbar lächelnd hob er den Blick gen Himmel - „acht Viertele trinken zu können, ohne der Maßlosigkeit anheim zu fallen."

Zujejeben, un so schön et auch wär, aber dat muß net sein, jedenfalls net jeden Tag. Aber ein oder zwei Jläschen oder auch mal en Fläschchen, un wenn me sich dat net allein traut, find sich bestimmb eine, der hilf ... oder auch zwei oder drei, und dann kann et auch emal e Fläschelche mehr sein. Denn nix is ja schöner, wie wenn me so drei, vier, fünf verschiedene Tröpfche nachenander probiere kann; un weil dat ja sein Zeit dauert, merk me auch (meistens), wann et jenuch is.

Falls Sie eine solche Weinprobe im häuslichen Rahmen veranstalten wollen oder schon veranstaltet haben, kennen Sie sicher das Problem: Was ißt man dazu? Die Antwort ist ebenso einfach wie unbefriedigend: am besten nichts.

Für eine gute Unterlage sollte vorher gesorgt werden, dies sollten kräftig-deftige, gehaltvolle, aber keinesfalls zu stark gewürzte Speisen sein, zu denen man einen leichten Wein und Wasser als Begleiter wählen kann. Zur Weinprobe sollte es dann nur noch Weißbrot und ein nicht zu säurestarkes Mineralwasser geben, das auch den durch Alkoholgenuß verursachten Flüssigkeitsverlust ausgleichen hilft.

Die Reihenfolge der Weine stellt ein weiteres Problem dar, für das man nur grob umrissene Grundregeln aufstellen kann und ansonsten auf den Sachverstand das Gastgebers vertrauen sollte.

Leichte, junge Weißweine sollten den Anfang vor älteren, schweren und natürlich trockenen Weinen machen. Dann könnten die Rotweine folgen, auch hier wieder nach der zu erwartenden geschmacklichen Intensität gestaffelt. Diese aus geschmacklichen Gründen wie auch aufgrund der Speisenfolge bei einem größeren Menü meist sinnvolle Reihung der Weine hat übrigens auch in die rheinische Sprache Eingang gefunden: „Op e weiß Kleidche e ruud Kräjelche setze" - auf ein weißes Kleidchen ein rotes Krägelchen setzen.

Den Abschluß könnten dann edelsüße Weine bilden, und da wäre dann auch wieder etwas Eßbares erlaubt: ein aromatischer, nicht zu scharfer Blauschimmelkäse etwa, der mit einer körperreichen Beerenauslese eine himmlische Ehe eingehen kann.

Ansonsten rate ich von Knabbereien aller Art ebenso ab wie von Käse, all´ das kann den Weingeschmack und damit Ihr Urteil erheblich beeinflussen. Vorsicht ist also auch geboten, wenn Ihnen bei Weinproben beim Winzer oder im Fachgeschäft derartiges angeboten wird.

Die Möglichkeit, ein breiteres Spektrum von Weinen zu verkosten, ist leider meist nur bei oft aufwendigen Veranstaltungen großer Weinhändler gegeben. An Weinstuben, in denen man etwa in 0,1 l fassenden Gläsern eine Reihe von auch hochwertigeren offenen Weinen trinken könnte, fehlt es, soweit mir bekannt, in unserer Region fast ganz. Eine Vielzahl erstklassiger bis höchstdekorierter Restaurants bietet uns zwar eine Fülle adäquater Weine, doch die in der Regel nur in Verbindung mit einer aufwendigen Mahlzeit. Und auch da ist die Möglichkeit, zu jedem Gang ein kleines Glas eines ideal dazu passenden Weines zu trinken, nach meiner Erfahrung sehr selten. Die meisten offenen Weine entsprechen in ihrer Qualität nicht dem Standard der Weinkarte und schon gar nicht der Qualität der Speisen. So bleibt einem meist nichts anderes übrig, als mit einem oder zwei Flaschenweinen zurechtzukommen, die bei einem großen, vielschichtigen Menü durchaus nicht immer die passende Begleitung bilden.

Ich weiß, daß man nicht immer alles haben kann, aber es wäre doch so schön, wenn sich die weiße und schwarze Brigade da verständigen könnten, wenn eine begnadete Köchin oder ein großer Koch sich einmal mit ihrem

Sommelier oder ihrer Sommelière zusammensetzen und ein Menü zusammenstellen würden, bei dem zu jedem Gang der passende Wein angeboten wird. So schwer kann´s doch nicht sein, oder?

Damit das Kapitel über eine so wunderschöne Sache wie den Wein nicht mit Bedauern endet, lade ich Sie - nur symbolisch, wohlverstanden! - zu einem kleinen Ausflug ins nördlichste Rotweinanbaugebiet der Welt ein, an jenen eher unscheinbaren Nebenfluß des Rheins, der zwar nicht mehr zu dem gehört, was wir als Rheinland bezeichnen, aber doch nicht weit entfernt liegt und gut erreichbar ist: an die Ahr.

Dieses Anbaugebiet war in einen Dornröschenschlaf versunken und schien sich zumal in den 50er und 60er-Jahren damit zufrieden gegeben zu haben, billige Massenweine für die Busladungen durstiger Trinker aus dem Ruhrgebiet oder den Niederlanden zu produzieren, die vor allem in den zum ungehemmten Saufen verführenden Kellern der Winzergenossenschaften für manch´ böses Erwachen sorgten. Dieses böse Erwachen gab es allerdings dann auch für die Winzer, die bald feststellen mußten, daß die extremen Steillagen der Ahr viel höhere Kosten verursachten, als andere, auch klimatisch begünstigte Anbaugebiete und daß sie auf Dauer nicht konkurrenzfähig bleiben konnten.

Aus der Not wurde eine Tugend gemacht. Junge Winzer besannen sich wieder auf die Möglichkeiten, die vor allem dem Spätburgunder durch die steilen Schieferfelsen geboten wurden und produzierten immer bessere Weine. Ertragsbeschränkungen und sorgfältige Auslese in Verbindung mit verbesserter, zeitgemäßer Kellertechnik führte schließlich zu Qualitäten, die zunächst im Vergleich mit deutschen Rotweinen wieder jene Stellung eroberten, die der Ahrrotwein einmal gehabt hatte.

Inzwischen gibt es eine ganze Reihe von Winzern und Weingütern, die mit ihren besten, im Barrique, dem kleinen, neuen Eichenfaß, ausgebauten Selektionen auch international gegen große Konkurrenz bestehen können und sich vor den französischen Burgundern nicht zu verstekken brauchen.

Und denjenigen, die nun gar keinen Wein mögen, sei zumindest empfohlen, den Rotweinwanderweg - in Teilstrecken - zu gehen, der vor allem zwischen Ahrweiler und Altenahr wunderschöne, manchmal atemberaubende Ausblicke bietet und gute Einblicke in die Arbeit der Winzer gewährt. Einen strahlend sonnigen Oktobersonntag sollte man allerdings nicht unbedingt wählen, weil es dann sehr leicht zu Staus kommen kann ...

5 kg Kartoffeln (vorwiegend festkochend)
1 kg Zwiebeln
4 - 6 Eier (oder 8 - 12 Eigelb)
Salz, Mehl, neutrales Öl
Nach Wunsch etwas Ascorbinsäure (Vitamin C)

Die geschälten und gewaschenen Kartoffeln und die geschälten Zwiebeln werden grob gerieben. Die Masse wird in ein großes Sieb (Seihe) zum Abtropfen gegeben.

Eier werden mit reichlich Salz und etwas Mehl - abhängig vom Stärkegehalt, der bei Frühkartoffeln geringer ist als bei späten Sorten - verrührt. Die abgetropfte Kartoffelmasse wird hinzugegeben, und alles wird kräftig vermischt. Erfahrene Rievkoochebäcker können jetzt schon mit einer "Fingerprobe" feststellen, ob die Masse genug gesalzen ist.

In eine große Pfanne wird reichlich Öl gegeben, das stark erhitzt werden muß, und auch zwischen den einzelnen Backvorgängen muß hinzugefügtes Öl immer erst ganz heiß sein, bevor mit einem Löffel die Kartoffelmasse in die Pfanne gegeben und etwas plattgedrückt wird.

Es ist sicher Geschmacksfrage, ob man den Teig etwas dicker oder dünner einfüllt, jedenfalls muß der "Rievkooche" außen von beiden Seiten sehr knusprig gebraten sein, bevor er auf ein Kuchengitter zum Abtropfen des Fettes und Abkühlen gelegt wird.

Dazu paßt hervorragend *»Apfelkompott*, Apfel- oder Rübenkraut, Schwarzbrot mit Butter oder Räucherlachs, der aber noch besser zum *»Sterne-Reibekuchen* paßt.

(Wieviele Sterne es dann werden, möge der Leser entscheiden.)

1 kg Kartoffeln
1 mittelgroße Zwiebel
2 - 3 Eier
etwas Mehl, Salz, Ascorbinsäure
Öl (diesmal darf es Olivenöl sein) und Butter
6 - 8 Scheiben Räucherlachs
1 Becher Crème fraîche
50 - 100 Lachskaviar
etwas Dill

Die geschälten, gewaschenen Kartoffeln und die Zwiebel werden auf einer feinen Reibe gerieben, in ein Sieb gegeben, und mit etwas Druck wird Flüssigkeit herausgepreßt.

Eier werden getrennt, Eiweiß kühlgestellt. Eigelb wird mit Salz, etwas Mehl und Ascorbinsäure verrührt, die ausgedrückte Kartoffelmasse hinzugegeben, alles vermischt und falls nicht sofort weiterverarbeitet wird, kühlgestellt. (Der Reibekuchenteig kann vorbereitet werden und bis zur Ankunft der Gäste bereitstehen.) Dann wird Eiweiß mit etwas Salz sehr steif geschlagen und unter die Kartoffelmasse gehoben. Erhitzen Sie Olivenöl und etwas Butter nicht zu stark, geben die Kartoffelmasse hinein und braten nicht zu stark von beiden Seiten.

Inzwischen nehmen Sie Scheiben von Räucherlachs aus der Packung, lösen sie voneinander und stellen Crème fraîche und Lachskaviar bereit.

Verteilen Sie die Reibekuchen auf Tellern, legen je eine Scheibe Lachs auf und geben je einen kleinen Löffel Crème fraîche und Lachskaviar darauf. Ein paar Dillspitzen machen nicht nur einen dekorativen Effekt.

Selbstverständlich können Sie auch richtigen Kaviar verwenden - ob sie bei den Preisen dann aber noch Geld für die Kartoffeln haben .....

»*Kartoffelpüree* und »*Apfelkompott* werden entsprechend den jeweiligen Rezepten zubereitet, wobei ein etwas fester kochender Apfel in diesem Falle den Vorzug hätte und die Apfelstücke noch deutlich erkennbar sein sollten.

Dazu kommt gebratene Leber als dritte im Bunde.

400 - 600 g Leber von Kalb oder Geflügel (falls erhältlich auch von Lamm oder Kaninchen)
500 g Zwiebeln
50 g Butter
50 ml (50 g) Wein
Salz, Pfeffer
Olivenöl
Balsamico-Essig

Die Zwiebeln werden geschält, längs halbiert, mit der Schnittfläche aufgelegt und in Scheiben geschnitten. Butter und Wein werden in einen Topf gegeben, die Zwiebeln hinzugefügt, leicht gesalzen und gepfeffert. Der zugedeckte Topf wird kalt aufgesetzt, der Inhalt bei geringer Hitze mindestens 30 Minuten geköchelt, bis die Zwiebeln weich sind. Dabei muß ggf. etwas Wein oder Wasser nachgegossen werden, am Schluß darf nur noch wenig Flüssigkeit übrigbleiben.

Die Leber wird inzwischen sorgfältig geputzt, Kalbsleber in Streifen, Geflügelleber je nach Dicke einmal quer durchgeschnitten. In einer beschichteten, großen Pfanne - alle Leberscheiben müssen nebeneinanderliegen - wird Olivenöl erhitzt, die Leber von beiden Seiten in 2-4 Minuten gebraten - sie sollte innen noch leicht rosa sein - und dann gepfeffert und gesalzen.

Die gedünsteten Zwiebeln werden auf Tellern verteilt, die Leber wird daraufgelegt. Die Pfanne wird mit etwas Balsamico-Essig abgelöscht, der Bratfond über die Leber geträufelt.

Kartoffelpüree und Apfelkompott werden getrennt dazugegeben oder in Schüsseln serviert, so daß jeder sein ganz persönliches Mischungsverhältnis herstellen kann.

Grundrezept: Kartoffelpüree - einmal anders

1,5 kg (mehlige) Kartoffeln
0,25 l Milch
0,25 l Olivenöl “extra vergine”
Salz

Kartoffeln werden geschält und in Salzwasser gegart, dann abgegossen und kurz ausdämpfen gelassen. Zwischenzeitlich wird Milch erhitzt. Die Kartoffeln werden dann unter Zugabe der heißen Milch zerstampft, kleine Stücke dürfen noch enthalten sein.

Unter kräftigem Umrühren oder Durchschlagen mit einem stabilen Schneebesen wird nach und nach das Olivenöl beigegeben, die exakte Menge von Öl und Milch kann je nach Aufnahmefähigkeit der Kartoffeln schwanken und ist auch davon abhängig, in welcher Konsistenz man das Püree wünscht, das zum Schluß und bei Bedarf noch etwas gesalzen wird.

In dieser Form ist es nicht nur ein Hauptbestandteil von *»Himmel un Ääd*, sondern paßt als Begleiter zu praktisch allem, was Sauce hat und noch einigem mehr.

Grundrezept: Apfelkompott

1 - 2 kg Äpfel (Klarapfel, Goldparmäne, Boskop, James Grieve, Cox Orange)
Zucker
Etwas Zitronensaft oder Ascorbinsäure (Vitamin C)

Die Äpfel werden gewaschen, geschält, geviertelt und das Kerngehäuse wird entfernt. Man sollte sie in einer Schüssel mit Wasser und etwas Zitronensaft oder Ascorbinsäure zum Schutz gegen das Braunwerden aufbewahren

Schalen und Kerngehäuse werden in etwas Wasser ca. 5 - 10 Minuten gedünstet.

Die Äpfel werden aus dem Wasser genommen, etwas kleingeschnitten und in einen Topf gegeben. Der Sud, der sich aus Schalen und Kerngehäusen gebildet hat, wird durch ein Sieb zu den Apfelstücken gegeben. Das Ganze wird erhitzt und notfalls wird noch etwas Wasser zugegeben.

Die Äpfel werden gekocht, bis sie weitgehend zerfallen sind - kleine Stücke sind durchaus erwünscht. Der Topf wird vom Feuer genommen und Zucker hinzugegeben, der je nach Säuregehalt der Äpfel dosiert werden muß - und selbstverständlich auch nach persönlichem Geschmack. Wenn Kinder mitessen - die mögen´s auf jeden Fall etwas süßer.

Lassen Sie das Kompott abkühlen und servieren Sie es dann zu *»Reibekuchen*, zum *»Sauerbraten mit Klößen* oder mit Kartoffelpüree als *»Himmel un Ääd.*

Ganz ausgezeichnet schmeckt es auch auf dick mit Butter bestrichenem, ganz frischem Bauernbrot.

1 kg Kartoffeln
1 - 2 Zwiebeln
3 Eier
100 - 200 g luftgetrockneter oder mild geräucherter Schinken
Butter für die Form
Mehl, Salz (eventuell Pfeffer und Muskat)

Die Kartoffeln und Zwiebeln werden fein gerieben, in ein Sieb gegeben, kräftig ausgedrückt, die abtropfende Flüssigkeit wird aufgefangen, damit sich die Stärke absetzen kann. Die Eier werden getrennt, das Eiweiß wird mit einer Prise Salz steifgeschlagen, das Eigelb wird mit der Kartoffelmasse, der Stärke, etwas Mehl und Salz gründlich vermischt; wer will, kann zusätzlich mit Pfeffer und Muskat würzen.

Eine Auflaufform von etwa 18 - 20 cm Durchmesser und 8 - 10 cm Höhe wird ausgebuttert und bis zu etwa 2/3 der Höhe mit dem Schinken ausgelegt. Restlicher Schinken kann kleingeschnitten unter die Kartoffelmasse gegeben werden, dann wird das Eiweiß untergehoben und alles in die Auflaufform eingefüllt.

Im vorgeheizten Ofen wird der Topfkuchen bei 170 - 180 Grad etwa 50 Minuten gebacken, bis die Oberfläche goldbraun ist.

Da die Leistungen der haushaltsüblichen Herde sehr unterschiedlich sind, empfiehlt es sich vor allem beim ersten Mal, wie beim Kuchenbacken, eine Stäbchenprobe zu machen und Garzeit wie Temperatur dem Ergebnis anzupassen.

Nach dem Stürzen kann der Kuchen wie eine Torte aufgeschnitten und mit Schwarzbrot, Apfelkompott oder Salat serviert werden; die angegebene Menge reicht als Hauptgericht für zwei, als Zwischengang für vier Personen.

1 kg Kartoffeln
2 - 3 Zwiebeln
Olivenöl
Pfeffer, Salz
1 Zweig frischer Rosmarin

Der Boden einer Auflaufform wird großzügig mit Olivenöl ausgegossen, die geschälten und in grobe Stücke geschnittenen Kartoffeln sowie die gleichfalls grob zerteilten Zwiebeln werden hineingegeben, gesalzen und gepfeffert. Dann gießt man reichlich Olivenöl darüber und vermengt Kartoffeln und Zwiebeln miteinander, damit alles von Öl überzogen ist. Im vorgeheizten Backofen müssen die Kartoffeln bei 170 - 180 Grad etwa 50 bis 60 Minuten garen, sollten sie zu dunkel werden, kann die Hitze am Ende auf 150 Grad reduziert werden.

Etwa 10 Minuten vor Ende der Garzeit werden die abgelösten und etwas zerhackten Rosmarinnadeln über die Kartoffeln gestreut.

400 – 500 g ausgepalte junge Erbsen
(eventuell Tk-Erbsen)
250 g geschälte Kartoffeln
100 g junge Erbsenschoten (Kaiserschoten)
100 g gekochter Schinken
1 Bund Frühlingszwiebeln
1 l Hühnerbrühe (Glas)
1 Becher Sahne
Butter, Pfeffer, Salz, Zucker

Etwas Butter wird in einem Topf zerlassen. Das kleingeschnittene Weiße der Frühlingszwiebeln, die gewürfelten Kartoffeln und etwa 2/3 der Erbsen werden dazugegeben, kurz angeschwitzt, leicht gepfeffert, gesalzen und gezuckert und dann mit der Hühnerbrühe aufgegossen.

Nach etwa 10 – 15 Minuten Garzeit wird die Suppe mit dem Mixstab möglichst fein püriert, dann wird die Sahne untergerührt. Sie können nun noch alles durch ein Sieb streichen, was zwar sehr mühsam ist, aber eine sehr feine, samtige Konsistenz ergibt.

In einer beschichteten Pfanne schwitzen Sie nun den kleingeschnittenen Schinken in etwas Butter kurz an, geben das restliche Drittel der Erbsen hinzu, würzen wieder mit etwas Salz, Zucker und Pfeffer und lassen alles unter Zugabe von etwas Brühe oder Wasser garen. In der Zwischenzeit schneiden Sie die Erbsenschoten in schmalen Streifen, die Sie nach 3 – 4 Minuten zu den Erbsen geben und noch etwa 2 Minuten mitdünsten lassen. Dies alles kommt nun als Einlage in die Erbsensuppe, die ggf. noch etwas gewürzt werden kann, auf Wunsch auch mit etwas frischgeriebener Muskatnuß.

Grundrezept Fischfond

Abfälle (Gräten, Haut, eventuell Kopf) des Lachses werden mit grob zerkleinerten Zwiebeln, Lauch, Möhren und Sellerie in einen Topf gegeben, der mit Wasser aufgefüllt wird, so daß alles gerade bedeckt ist. Als Gewürze kommen ein paar Lorbeerblätter, frischer oder getrockneter Rosmarin und Thymian, ein paar zerdrückte Wacholderbeeren und, falls vorhanden, kleingeschnittene getrocknete Tomaten und/oder Steinpilze hinzu.

Bei mittlerer Hitze wird dieser Sud etwa 20 - 30 Minuten leicht geköchelt und dann durch ein feines Sieb abgegossen, der so entstandene Fond wird je nach Bedarf durch Einkochen noch reduziert und kann dann bis zum Gebrauch kaltgestellt werden. Eine dünne Haut oder Fettschicht, die sich dabei bildet, wird entfernt.

Grundrezept für eine Kartoffel-Kräuter-Sauce

0,3 - 0,4 l Fischfond oder Geflügelbrühe
(selbstgemacht oder fertig gekauft)
ca. 100 g Kartoffeln, 50 g Zwiebeln
grüne Kräuter
Butter oder Olivenöl
Pfeffer, Salz, Zitronensaft

Kartoffeln und Zwiebeln werden geschält und in Stücke geschnitten, in erhitztem Fett läßt man sie leicht anziehen, pfeffert, salzt und übergießt sie mit dem Fond oder der Brühe. Kartoffeln und Zwiebeln werden gegart, dann durch ein Sieb passiert, je nach gewünschter Konsistenz der Sauce muß noch etwas Brühe zugegeben werden.

Grüne Kräuter werden gewaschen und von den Stengeln befreit. Bestens geeignet sind Mischungen für "Frankfurter grüne Sauce", Rauke (Rucola), Basilikum und Petersilie (glattblättrig). Bärlauch und Sauerampfer können ebenfalls verwendet werden, sollten aber erst zum Schluß feinblättrig geschnitten der fertigen Sauce beigegeben werden.

Die anderen genannten Kräuter werden mit einem scharfen Messer sehr fein gehackt, mit Olivenöl und Zitronensaft vermischt oder grobgehackt im Mixer oder mit dem Pürierstab unter Zugabe von Olivenöl und Zitronensaft zerkleinert. In dieser Form können die Kräuter ebenso wie die Grundsauce vorbereitet und aufbewahrt werden.

Lachs mit Kräutersauce

600 - 800 g Lachsfilet
Fischfond oder Olivenöl
0,1 l Sahne oder Crème fraîche
0,4 l Grundsauce wie vorstehend
Pfeffer, Salz, Zitronensaft

Der Lachs wird soweit notwendig sorgsam entgrätet und in 4 Portionsstücke geschnitten, dann gepfeffert und gesalzen. In einer großen Pfanne wird der Fischfond oder das Öl erhitzt und man läßt den Lachs entweder im leicht köchelnden Fond von jeder Seite etwa 2 Minuten ziehen oder im Öl nicht zu stark braten. Beim Wenden ist Vorsicht geboten, da der Fisch leicht zerfällt.

Inzwischen wird die Kartoffel-Grundsauce erhitzt, Sahne oder Crème fraîche hinzugegeben, die im Öl zerkleinerten Kräuter beigefügt. Sie darf dabei nicht kochen und wird zum Schluß mit Pfeffer, Salz und Zitronensaft abgeschmeckt. Falls Bärlauch oder Sauerampfer verwendet werden, darf man deren Blätter nur sehr fein schneiden und ganz zum Schluß in die mit Sahne verfeinerte und abgeschmeckte Kartoffelsauce geben.

Die fertige Sauce wird auf Teller verteilt, je ein Stück gebratenes oder pochiertes Lachsfilet daraufgesetzt. Ein paar Würfel von zuvor geschälten und entkernten Tomaten können das Bild noch verschönern, ebenso ein paar Blättchen der verwendeten Kräuter.

500 g Spargel pro Person
Salz, Zucker, Butter

Der Spargel wird gewaschen und geschält, die Enden werden abgeschnitten. Die Schalen und Enden werden in einen Topf gegeben, der mit kaltem Wasser aufgefüllt wird. Salz, Zucker und Butter kommen hinzu, der Inhalt wird aufgekocht und soll dann etwa 30 Minuten leise köchelnd ziehen. Dann wird der Sud durch ein Sieb in einen zweiten, zum Kochen des Spargels geeigneten Topf geschüttet, die Spargelreste werden dabei sehr fest ausgepreßt. In diesem Fond wird der Spargel zunächst heftig zum Kochen gebracht, dann leise köchelnd fertiggegart. Er sollte keinesfalls weich werden, aber doch gut gegart sein, da er nur dann seinen vollen Geschmack erreicht. Bester Test ist, eine Stange herauszunehmen, ein kleines Stück vom Ende abzuschneiden und zu probieren, dies sollte allerdings schnell gehen, damit der Garprozeß nicht unterbrochen wird.

Grundrezept Sabayon
4 Eigelb
0,2 l Flüssigkeit aus Spargelsud, einem kräftigen Schuß trockenen Weißweins und etwas Zitronensaft
Pfeffer, Salz
etwas Butter

Eigelb und Flüssigkeit werden mit dem Schneebesen in einer Metallschüssel (Schneekessel) zunächst kräftig verrührt, dann wird die Schüssel auf einen Topf mit kochendem Wasser gesetzt, das aber den Boden der Schüssel nicht erreichen darf. Mit dem Schneebesen wird die Sauce nun aufgeschlagen, bis sich eine cremige Konsistenz einstellt. Die Schüssel sollte dann sofort vom Wasserbad genommen werden, die Sauce kann mit schnell untergezogenen Stückchen der Butter angereichert und ggf. mit Pfeffer, Salz und Zitronensaft abgeschmeckt werden.

... auf Spargelragout

2 Eier
0,1 l Milch
50 - 60 g Mehl
1 Prise Salz
(gehackte Petersilie und/oder Schnittlauch)
16 - 20 Stangen gekochter Spargel
4 Forellenfilets, geräuchert oder
8 Scheiben Räucherlachs oder
gekochter/luftgetrockneter roher Schinken

Eier, Milch und Mehl werden mit 1 Prise Salz zu einem glatten Pfannkuchenteig verrührt, der 30 Minuten ruhen sollte. Er kann dann mit feingehackter Petersilie oder Schnittlauch aromatisiert werden, bevor er zu 4 möglichst dünnen Pfannkuchen ausgebacken wird.

In jeden Pfannkuchen werden 4 oder 5 Spargelstangen zusammen mit einem Forellenfilet oder 2 Scheiben Räucherlachs eingewickelt; statt dessen kann Schinken entsprechend verwendet werden. Die Päckchen werden in Aluminiumfolie gehüllt und zum Servieren etwa 10 Minuten im 120 Grad heißen Backofen erwärmt.

Grundrezept Spargelragout

6 - 8 Stangen roher Spargel
1 Bund Frühlingszwiebeln
ca. 0,1 l Spargelfond
0,1 l Sahne
Butter, Olivenöl, Pfeffer, Salz

Der Spargel wird schräg in dünne (ca. 0,5 cm) Scheiben, die Frühlingszwiebeln werden ebenfalls in Scheiben geschnitten.

In einer weiten, beschichteten Pfanne werden Butter und Öl erhitzt, die Spargelscheiben hinzugegeben und leicht angebra-

... auf Spargelragout

ten, bevor das Weiße der Frühlingszwiebeln dazukommt und auch leicht angedünstet wird. Mit Pfeffer und Salz wird dann sparsam gewürzt, bevor Spargelfond und Sahne angegossen werden. Die Spargelscheiben sind in etwa 5 Minuten gar, die Flüssigkeit sollte fast ganz verdunstet sein, notfalls muß noch etwas Spargelfond angegossen werden. Zum Schluß wird das Grüne der Zwiebeln hinzugefügt.

Das Spargelragout wird auf 4 Teller verteilt, die Spargel im Pfannkuchen werden daraufgesetzt.

300 g Risottoreis (Arborio, Vialone, Carnaroli)
1,2 l heißer Spargelfond oder Hühnerbrühe (auch in beliebigen Mengenanteilen gemischt)
1 kg gegarte Spargelstücke
1 Bund Frühlingszwiebeln
1 - 2 Knoblauchzehen
Butter, Olivenöl
geriebener Parmesan
Salz, Pfeffer

Wichtig ist, daß Sie einen speziellen Risottoreis wählen, der zwar körnig bleibt, aber dennoch Flüssigkeit aufsaugt.

Das Weiße der Frühlingszwiebeln wird in Scheiben geschnitten, der Knoblauch feingehackt.

In einem Topf werden Butter und Öl erhitzt und Zwiebeln und Knoblauch darin glasig gedünstet, sie sollten nicht braun werden. Der Reis wird trocken hinzugegeben und umgerührt, damit alle Reiskörner von Fett überzogen sind. Sie können (müssen aber nicht) mit einem Glas Weißwein (trocken) ablöschen, der dann weitgehend verdunsten sollte, bevor Fond oder Brühe etwa zur Hälfte hinzugegossen werden.

Bei kleiner Hitze sanft köchelnd und unter regelmäßigem Umrühren garen Sie den Reis und gießen bei Bedarf immer wieder Flüssigkeit nach. Kurz vor Ende der Garzeit (etwa 18 Minuten) geben Sie die Spargelstücke und das Zwiebelgrün hinzu und würzen erst jetzt mit etwas Salz, Pfeffer und geriebenem Parmesan. Sie können auch noch ein paar Stück kalter Butter unterrühren, dabei sollten Sie den Risotto kräftig durcharbeiten, um die eventuell abgesetzte Reisstärke zu verteilen.

Der Risotto sollte noch etwas flüssig sein, den exakten Garungszustand des Reises prüfen Sie am besten nach 16 - 18 Minuten, indem Sie ein paar Körner probieren: Sie sollten noch etwas Biß haben, aber nicht mehr hart wirken.

2 - 3 Hämmchen á 800 bis 1000 g, gepökelt
1 - 2 große Zwiebeln
Lorbeerblätter, Nelken

800 - 1000 g Sauerkraut
150 g Butter
2 - 3 Zwiebeln
1/8 l Weißwein

600 g Kartoffeln
80 g Butter
Pfeffer, Muskat, Salz
scharfer Senf
1 - 2 Becher Crème fraîche oder Sahne

Die Hämmchen werden mit Zwiebeln und Gewürzen in ungesalzenem Wasser etwa 2 Stunden gekocht, herausgenommen, und nach leichtem Abkühlen werden dann Knochen, Schwarte und Fett sorgfältig entfernt, so daß nur das schiere Fleisch übrigbleibt, das dann, soweit es nicht schon von selbst zerfällt, in nicht zu kleine Stücke geschnitten wird.

Während die Hämmchen kochen, wird das Sauerkraut zubereitet. Die Zwiebeln werden geschält und in Streifen oder Würfel geschnitten, die man in 50 g Butter andünstet. Dann gibt man das Sauerkraut hinzu, läßt es unter Umrühren gleichfalls etwas andünsten, gießt den Weißwein an und gart es zugedeckt etwa 10 Minuten, bevor man die restliche (100 g) kalte Butter unterrührt.

Die geschälten und zerkleinerten Kartoffeln werden in Salzwasser gar gekocht, abgegossen und ausgedämpft, bevor man sie sehr heiß durch die Presse drückt oder sehr fein stampft. Die eiskalte Butter (80 g), Pfeffer, frischgeriebener Muskat und Salz (abschmecken!) werden hineingerührt, dann werden 1 - 2 Eßlöffel Senf hinzugegeben. Zum Schluß wird mit einem Schneebesen soviel Créme fraîche oder Sahne untergerührt, bis das Püree die Konsistenz einer dicken Sauce hat.

Das Sauerkraut wird in eine große, flache Auflaufform gegeben, die Fleischstücke dort hineingebettet. Die Kartoffelsauce wird gleichmäßig darüber verteilt, das Gratin gart man im vorgeheizten Backofen etwa 25 Minuten bei 220 - 230 Grad. Und wenn Sie keine genügend große Form haben: Zwei kleine tun´s auch, dabei sollten Sie darauf achten, daß die Anteile von Sauerkraut, Hämmchenfleich und Sauce ungefähr gleich sind.

Grundrezept: Sauerkraut

800 g Sauerkraut
Schweine- oder Gänseschmalz
1 - 2 Zwiebeln
1 Apfel
1 - 2 Lorbeerblätter
einige Wacholderbeeren, Nelken, Pfefferkörner
etwas Brühe und Wein oder Cidre (frz. Apfelwein)
nach Wunsch einige Weintrauben, halbiert und entkernt

Das Schmalz (es darf, wie schon im Textteil gesagt, auch von der Ente sein) wird erhitzt, die kleingeschnittenen Zwiebeln werden darin angedünstet, bevor man das Sauerkraut hinzugibt, gleichfalls kurz dünstet und dann Brühe und Wein angießt und die Gewürze hinzufügt.

Das Sauerkraut wird nun etwa 30 Minuten gegart, gelegentlich umgerührt und bei Bedarf noch etwas Flüssigkeit angegossen. Kurz vor Ende der Garzeit wird ein geriebener Apfel untergehoben; die Weintrauben werden erst zum Schluß dem fertigen Sauerkraut beigefügt.

100 - 200 g des Sauerkrauts können von der Gesamtmenge abgezweigt und erst kurz vor Ende der Garzeit wieder (roh) beigefügt werden. Und natürlich sollte sich niemand hindern lassen, es doch einmal mit Champagner zu versuchen.

700 - 800 g Schweinerücken, ausgelöst
Wurzelgemüse (Lauch, Möhren, Sellerie und/oder rote Paprika, in dünne Streifen geschnitten und in Olivenöl kurz angedünstet)
scharfer Senf
Petersilie
Frühlingszwiebeln
100 - 120 g luftgetrockneter Schinken
Öl und Butter zum Braten
0,1 l trockener Weißwein
0,1 l Sahne
Salz, Pfeffer

Vom Schweinerücken schneidet man 4 “Schmetterlingssteaks”, indem man beim ersten Schnitt nicht ganz durchschneidet und erst beim zweiten das Steak abtrennt. Das können Sie natürlich auch vom Metzger schneiden lassen.

Die Steaks klappen Sie nun auseinander und klopfen sie zwischen Klarsichtfolie oder im Gefrierbeutel vorsichtig noch etwas flacher, das geht sehr gut mit dem Boden einer kleinen Stielkasserolle. Streichen Sie nun das Fleisch mit Senf ein und belegen es mit dem vorbereiteten Wurzelgemüse, gehackter Petersilie und dem kleingeschnittenen Grün der Frühlingszwiebeln, dann rollen Sie die Rouladen auf, pfeffern sie und umwickeln sie mit dem Schinken. In einer Schmorpfanne mit Dekkel oder einem flachen Schmortopf erhitzen Sie zunächst Öl, geben dann etwas Butter hinzu und braten die Rouladen von allen Seiten an.

Das in Ringe geschnittene Weiße der Frühlingszwiebeln und ungegarte Streifen einer Möhre werden dazugegeben, dann wird etwas Wein angegossen und die Pfanne zugedeckt in den etwa 220 Grad heißen Ofen geschoben. (Achtung! Das geht nur bei Pfannen mit ofenfestem Griff!)

Nach etwa 15 Minuten werden Sahne und der restliche Wein

angegossen, die Pfanne bleibt dann offen. Die Rouladen müssen weitere 15 Minuten garen, bevor die Pfanne aus dem Ofen genommen und das Fleisch warmgestellt wird.

Die Bratensauce wird in den Mixer oder in einen kleinen Topf mit höherem Rand gegossen, in dem sie mit dem Handmixer püriert wird. Zwiebeln und Möhren sorgen dabei für eine gute Bindung, ein paar untergemixte Stücke eiskalter Butter für eine Abrundung des Geschmacks.

0,4 - 0,5 l Schweinefond (ersatzweise Kalbsfond oder Fleischbrühe aus dem Glas)
2 Schweinefilets (insgesamt ca. 800 g)
100 g gekochter Schinken
Estragon oder Rosmarin
0,1 l Crème fraîche oder Sahne
100 g Frischkäse mit Kräutern
40 - 50 g geriebener Käse
Butter, Olivenöl
Salz, Pfeffer

Die Schweinefilets werden sorgfältig pariert (von Haut und Fett befreit), aus den Fleischabfällen können Sie einen kräftigen Schweinefond ziehen. (Rezept siehe nachfolgend)

Schneiden Sie diese Filets dann sehr schräg in dünne Scheiben, damit Sie eine größere Fläche erhalten. Diese Scheiben klopfen Sie dann sehr vorsichtig noch etwas dünner, es ist mehr ein sanftes Drücken mit einem schweren Messer oder dem Boden einer Stielkasserolle gemeint. Diese Scheiben werden nun mit dem passend zugeschnittenen Kochschinken belegt, auf jede Scheibe kommen ein paar Rosmarinnadeln oder Estragonblättchen.

Nun würzen Sie mit etwas frischgemahlenem schwarzen Pfeffer, bevor Sie die Scheiben zusammenrollen und je 4 bis 6 Stück auf einen Holzspieß stecken.

In einer Mischung aus Olivenöl und Butter werden nun die zuvor auch von außen gepfefferten und gesalzenen Rouladenspieße gebraten. Nach kurzem Anbraten von beiden Seiten wird die Hitze reduziert, und die Rouladen werden unter mehrmaligem Wenden in etwa 8 bis 10 Minuten fertiggegart.

In der Zwischenzeit wird der Fleischfond zusammen mit Sahne/Crème fraîche in einem anderen Topf etwas eingekocht, dann wird zunächst der Frischkäse in kleinen Stücken darin aufgelöst, etwas Butter wird eingerührt und zum Schluß der geriebene Käse darin geschmolzen.

Wenn Sie die Mini-Rouladen schon vom Spieß abgestreift servieren, können Sie die Sauce gleich darübergießen, sonst empfiehlt es sich, sie separat zu servieren. Als Beilagen passen dazu *»Kartoffelpüree*, *»Ofenkartoffeln* oder eine Scheibe der leichteren Variante des *»Topfkuchens*.

Grundrezept Schweinefond:
Die Parüren (Abfälle) des Schweinefilets und einige Schweinefüßchen oder Kalbsknochen werden in wenig Öl scharf angeröstet, einige in grobe Stücke geschnittene Zwiebeln und Möhren werden dazugegeben, gleichfalls scharf angebraten; dabei dürfen sich am Topfboden deutlich schwarzbraune Krusten bilden. Mit etwas Balsamico-Essig wird abgelöscht, wenn dieser ganz verdunstet ist, kann etwas Rot- oder Weißwein angegossen werden, der wiederum ganz verkochen sollte, bevor der Topf mit kaltem Wasser aufgefüllt wird. Dies kann, wenn kein Wein verwendet wird, auch schon nach dem Ablöschen mit Essig erfolgen. Nun werden Teile von Lauch und Sellerie, Knoblauchzehen, Lorbeerblätter, zerdrückte Wacholderbeeren und frischer oder getrockneter Thymian und Rosmarin beigefügt, falls vorhanden auch in Streifen geschnittene Trockentomaten. Die exakten Mengen sind nicht so entscheidend, keinesfalls jedoch darf gesalzen werden, da das Wasser fast völlig verkochen muß. Dies geschieht über mehrere Stunden hinweg mit leichtem Köcheln. Dann wird die deutlich reduzierte Flüssigkeit durch ein feines Sieb gegossen, Gemüse und Fleisch werden kräftig ausgedrückt, der so gewonnene Fond wird kaltgestellt, die sich bildende Fettschicht entfernt.

Nach diesem Rezept lassen sich Saucengrundlagen für alle kurzgebratenen Fleischgerichte herstellen.

Grundrezept: Sauce mit Champignons und Frühlingszwiebeln

300 - 400 g Champignons, ersatzweise Austernpilze
1 Bund Frühlingszwiebeln
0,4 l Schweinefond (oder fertig gekaufter Fond bzw. Fleischbrühe)
0,1 l Sahne oder Crème fraîche
Olivenöl
Salz, Pfeffer

Die Champignons werden geputzt, möglichst nicht gewaschen, sondern nur feucht mit einem Papiertuch abgewischt; die Frühlingszwiebeln werden gleichfalls geputzt und gewaschen.

Schneiden Sie dann Champignons und Zwiebeln in Scheiben bzw. Röllchen und erhitzen Sie in einer weiten Pfanne Olivenöl. Die Pilze werden hineingegeben, sie sollten möglichst nebeneinander liegen, damit sie rasch anbraten. Dann kommt das Weiße der Zwiebeln hinzu, wird auch kurz angedünstet, bevor Sie alles pfeffern und salzen. Gießen Sie dann den Saucenfond und die Sahne an und lassen alles kräftig durchkochen, bis die Sauce die gewünschte, etwas sämige Konsistenz hat. Zum Schluß geben Sie das Grüne der Zwiebeln hinzu und würzen nach Bedarf noch mit etwas Salz und Pfeffer nach.

(nach Art der Großmutter)

1,5 - 2 kg Rinderbraten (aus der Keule)
einige Fleischknochen oder 1 Beinscheibe
0,5 l Rotwein, 0,5 l Weinessig
Zwiebeln, Möhren
Schwarze Pfefferkörner, Lorbeerblätter, Nelken (ganz)
Wacholderbeeren (leicht angedrückt)
Schweine- oder Gänseschmalz
1 Glas Rheinisches Apfelkraut
1 Becher Crème fraîche

Der Rinderbraten wird pariert (von Haut und Sehnen befreit), zusammen mit den Parüren, Fleischknochen oder in Stücke geschnittener Beinscheibe in eine Schüssel (Glas, Porzellan) oder emaillierten Topf gegeben. Grob geschnittene Zwiebeln, Möhren und Gewürze werden hinzugefügt. Der Braten wird mit Wein und Essig übergossen, 5 bis 6 Tage kühlgestellt und alle 24 Stunden in der Marinade gewendet. Dann nehmen Sie das Fleisch aus der Marinade, trocknen es mit Küchenpapier ab und reiben es mit Salz und grob gemahlenem Pfeffer ein. In einem Schmortopf erhitzen Sie Schweine- oder Gänseschmalz, geben das Fleisch hinzu und braten es von allen Seiten scharf an. Fügen Sie Knochen, Fleisch und Gemüse aus der Marinade hinzu und lassen es kurz mitbraten, reduzieren dann die Hitze und schmoren den Braten ca. 2 Stunden unter allmählicher Beigabe der Marinade. Nehmen Sie den gegarten Braten aus dem Topf, passieren die Sauce durch ein Sieb in einen zweiten Topf und drücken die Rückstände dabei gut aus. Lösen Sie in der leicht köchelnden Sauce das Apfelkraut löffelweise nach und nach auf, bis das gewünschte süß-sauer Verhältnis erreicht ist. Falls nötig können Sie noch etwas salzen und pfeffern und runden mit Crème fraîche und, falls gewünscht, etwas Butter ab.

Dazu gehören unbedingt *»Kartoffelklöße*. Auch Nudeln wären denkbar. Ein kleiner Salat je nach Jahreszeit oder - wiederum selbst gemachtes - *»Apfelkompott* passen auch sehr gut dazu.

Grundrezept: Kartoffelklöße

5 kg Kartoffeln (mehlig oder vorwiegend festkochend)
0,3 - 0,4 l Milch
150 g Hartweizengrieß
3 - 4 Eier
Salz, Ascorbinsäure

Kochen und schälen Sie 1/3 der Kartoffeln am Vortag als Pellkartoffeln und lassen Sie diese völlig auskühlen. Am nächsten Tag werden sie gerieben oder durch eine Kartoffelpresse gedrückt. Lassen Sie Milch und Grieß unter Umrühren nur kurz aufkochen, nicht wie sonst üblich minutenlang ausquellen. Die Grießmasse geben Sie zu den gekochten Kartoffeln, fügen Eier hinzu, salzen mäßig und vermengen die Masse intensiv. (Dieser Teig kann vorbereitet und erst später verarbeitet werden.)

Die restlichen geschälten und gewaschenen rohen Kartoffeln werden nicht zu fein gerieben, die Masse wird in ein kräftiges Küchentuch gegeben und ausgepreßt. In der Zwischenzeit bringen Sie in einem weiten Topf Wasser zum Kochen und salzen es kräftig. Die möglichst trocken gepreßte rohe Kartoffelmasse wird zu der vorbereiteten gekochten Masse gegeben, gesalzen und miteinander verknetet. Die Zugabe von etwas Ascorbinsäure hat nur den Zweck, die Oxydation (Rotfärbung) des Kloßteigs und damit die später graugrüne Farbe der Klöße zu verhindern. Dadurch kann die Kloßmasse auch schon 1 - 2 Stunden vorher zubereitet werden - ideal, wenn Gäste kommen.

Formen Sie mit angefeuchteten Händen Klöße, geben Sie diese in das kochende Salzwasser, reduzieren die Hitze und lassen sie gar ziehen, von dem Moment, wo sie an die Oberfläche steigen noch etwa 20 Minuten.

Kartoffelklöße passen ideal zum *»Sauerbraten*, aber auch zu allen anderen Fleischgerichten mit viel Sauce.Übriggebliebene Klöße schmecken sehr gut, wenn sie in Scheiben geschnitten und in Butter gebraten werden. Mit einer mit Butter bestrichenen Scheibe Bauern- oder Vollkornbrot und Apfelkompott (auf dem Brot oder als Beilage) ist das einfach lecker.

4 - 6 trockene Brötchen
½ l heiße Milch
125 g Zucker
1 Vanillestange
1 Zitrone
4 Eier, getrennt
800 g Süßkirschen, entsteint (ersatzweise geschälte, in Stücke geschnittene Äpfel)
2 Eßlöffel Kirschwasser (oder Apfelbrand)
1 Prise Zimt
50 g Butter

Die Kruste der Brötchen wird abgerieben, die Brösel werden aufbewahrt. Gießen Sie dann die Milch sehr heiß über die Brötchen und lassen sie gut durchweichen, bevor Sie die Masse so fein wie möglich zerdrücken.

Das Mark der Vanillestange wird ausgeschabt, die Zitronenschale abgerieben, beides wird zusammen mit dem Zucker, den Eigelb, dem Zimt und dem Kirschwasser zu den Brötchen gegeben und gründlich durchgearbeitet, so daß eine homogene Masse entsteht, in die man zum Schluß die Kirschen gibt und das steifgeschlagene Eiweiß unterzieht.

In eine hochwandige, gebutterte Auflaufform füllen Sie nun die Masse ein, bestreuen sie mit den Bröseln und setzen einige Butterflöckchen darauf, schieben die Form dann in den auf 160 - 180 Grad vorgeheizten Ofen und lassen den “Bettelmann” etwa 50 - 60 Minuten backen.

Es lohnt sich übrigens, ausgeschabte Vanillestangen aufzubewahren und in ein leeres Marmeladenglas zu stecken, das dann mit Zucker aufgefüllt wird. Innerhalb weniger Tage erhalten Sie auf diese Weise echten Vanillezucker, der den Geschmack des “Vanillinzuckers” weit übertrifft. Allerdings sollten Sie das Glas regelmäßig kräftig durchschütteln, damit der Zucker nicht verklumpt, denn die Schoten sondern etwas Feuchtigkeit ab. Und daß das Glas zugeschraubt wird, sollte selbstverständlich sein.

250 g Biskuit
250 g Äpfel
60 g gehobelte und leicht in der Pfanne
geröstete Mandeln
60 g Korinthen, in etwas Weinbrand, Orangenlikör
oder Kirschwasser 24 Stunden eingeweicht
½ l Sahne
125 g Zucker
7 Eier
1 Prise Zimt
Mark einer Vanillestange
Butter für die Form

Schneiden Sie den Biskuit (gekauft oder mit nachstehendem Rezept selbst gebacken) und die geschälten Äpfel in kleine Würfel und mischen Sie sie in einer Schüssel mit Mandeln und Korinthen.

Eier und Sahne werden mit Zucker, Zimt und Vanillemark gut verschlagen, über die Biskuit-Apfel-Masse gegeben und mit dieser gut vermengt.

Eine flache Auflaufform wird ausgebuttert und die Masse eingefüllt (etwa 3 - 4 cm hoch, sollte die Menge zu groß sein, auf zwei Formen verteilen); im vorgeheizten Backofen bei 200 Grad wird der Auflauf 30 - 40 Minuten gebacken, bis die Masse gestockt ist.

Lassen Sie den Auflauf ganz auskühlen, stechen Sie dann mit einem runden oder ovalen Ausstecher Stücke heraus oder schneiden Sie mit einem Messer passende Portionsstücke. Diese setzen Sie auf ein mit Backpapier belegtes Blech und lassen Sie im Backofen etwa 10 Minuten lang bei nicht zu hoher Temperatur (120 - 140 Grad) warm werden, bevor Sie sie mit Vanillesauce servieren.

Grundrezept Biskuit nach dem “Eischwerverfahren”

Das Gewicht der Eier bestimmt das Gewicht der übrigen Zutaten.
4 Eier à 50 g = 200 g
100 g Zucker + 100 g Mehl = 200 g
1 Zitrone, unbehandelt
Butter zum Ausbuttern der Form

Die Eier werden getrennt, das Eiweiß mit einer Prise Salz aufgeschlagen und dann unter allmählicher Zugabe der Hälfte des Zuckers ganz steifgeschlagen.

Das Eigelb wird mit dem restlichen Zucker und der abgeriebenen Zitronenschale hellschaumig gerührt, dann wird das Eiweiß vorsichtig untergezogen und zum Schluß das Mehl über die Masse gesiebt und behutsam untergehoben. Die Masse wird in eine kleine, gebutterte Springform gefüllt und bei 160 - 170 Grad im vorgeheizten Ofen etwa 35 - 40 Minuten gebacken (Stäbchenprobe). Je nach Verwendung kann der Teig auch auf Backpapier ausgestrichen werden, dann verringert sich die Backzeit auf 15 - 20 Minuten.

Die Gesamtmenge kann beliebig vergrößert werden, wenn man darauf achtet, daß das Gewicht der Eier dem Gesamtgewicht von Zucker und Mehl (je zur Hälfte) entspricht.

Grundrezept Vanillesauce

1/8 l Milch
1/8 l Sahne
50 g Zucker
1 Vanilleschote
3 - 4 Eigelb
etwas geschlagene Sahne

Milch und Sahne werden mit Zucker, aufgeschnittener und ausgeschabter Vanilleschote aufgekocht und ziehen dann etwa 20 - 30 Minuten durch, bevor man die Vanilleschote entfernt.

Drei Eigelb werden in einer Metallschüssel schaumig gerührt (ideal: sogenannter "Schneekessel" mit rundem Boden), die Vanillesahne wird dazugegeben und die Masse über dem Wasserbad unter ständigem Schlagen mit dem Schneebesen so lange erhitzt, bis sich eine cremige Bindung ergibt, je nach Größe der Eidotter muß noch das 4. Eigelb zugegeben werden. Die fertige Sauce wird durch ein feines Sieb gegeben und dann kaltgestellt. Vor dem Servieren kann noch etwas geschlagene Sahne untergezogen werden.

Wichtig: Die Schüssel soll keinesfalls ins kochende Wasserbad ragen, sondern darf nur durch den Dampf erhitzt werden. Sobald sich eine Bindung einstellt, muß sie sofort weggenommen werden. Sollte das Eigelb doch Gefahr laufen, zu gerinnen, unter starkem Schlagen mit dem Schneebesen etwas kalte Sahne in die Sauce gießen.

Für die Pfannkuchen:
1 EL Mehl (ca. 30 g)
1 großes Ei
1 Eßlöffel Butter
0,1 l Sahne und Milch in gleichen Teilen
1 Zitrone
1 Prise Salz, etwas Vanillezucker

Für die Sauce:
60 g Zucker
0,2 l Sahne
1 - 2 Eßlöffel Crème fraîche

Für das Apfelragout:
300 - 400 g Äpfel
50 g Butter
50 - 70 g Puderzucker (je nach Säure der Äpfel)
1 - 2 Messerspitzen Zimt
etwas Orangensaft und Orangenfilets nach Wunsch

Erhitzen Sie zunächst die Butter für die Pfannkuchen, lassen sie etwas abkühlen und verrühren sie mit Mehl, Ei, Sahne und Milch zu einem glatten Teig, der mit etwas Salz, Vanillezucker und abgeriebener Zitronenschale aromatisiert wird. Dieser Teig muß nun mindestens 30 Minuten ruhen.

Grundrezept: Caramelsauce

In einen nicht zu großen Topf mit dickem Boden geben Sie nun den Zucker für die Sauce und lassen ihn bei mittlerer Hitze schmelzen. Beginnen Sie erst mit dem Rühren, wenn der Zukker am Rande flüssig wird. Die Sahne muß unbedingt bereitstehen, um den Zucker abzulöschen, sobald er braun wird und leicht zu rauchen beginnt; dabei bilden sich weiße Schaumkrönchen. Dieser Zeitpunkt ist wichtig, weil sich nur dann der ideale Caramelgeschmack einstellt; vorher ist die Sauce nur süß, nachher bitter.

Lösen Sie nun den Zucker in der leicht köchelnden Sahne vollständig auf und stellen Sie die Sauce anschließend kalt. Dann können noch 1 - 2 Eßlöffel Crème fraîche untergezogen werden.

Grundrezept Apfelragout

Schälen Sie nun die Äpfel, die möglichst aromatisch sein und nicht so leicht zerfallen sollten, entfernen Sie das Kerngehäuse und würfeln Sie das Fruchtfleisch sehr fein. In einer weiten Pfanne erhitzen Sie die Butter, geben den Puderzucker hinzu, lassen ihn unter Rühren etwas caramelisieren und geben die Apfelstücke und, soweit vorhanden, Orangensaft und -filets hinzu, lassen alles leicht köcheln, bis sich der Puderzucker ganz aufgelöst hat und würzen dann mit Zimt und etwas Zitronensaft, je nach Süße der Äpfel auch noch mit etwas Puderzucker.

In einer leicht gebutterten, beschichteten Pfanne backen Sie nun 4 große oder 8 kleine Pfannküchlein so dünn wie möglich, legen dann 1 großen oder 2 kleine auf einen Teller, bedecken jeweils eine Hälfte mit dem noch warmen Apfelragout und klappen die andere darüber.

Geben Sie dann die kalte Caramelsauce dazu und überstreuen alles mit etwas Puderzucker.

Biskuit von 4 Eiern nach Grundrezept
400 g Apfelkompott
0,4 l Sahne
150 g Zucker
5 – 6 Eßlöffel Apfelbrand
5 Blatt Gelatine
2 – 3 Äpfel
20 – 30 g Butter
ca. 40 g Zucker

Backen Sie in einer kleinen Springform (Durchmesser etwa 18 cm) zunächst den Biskuit und lassen ihn auskühlen.

Schneiden Sie ihn dann waagerecht in 4 Scheiben von etwa 1 cm Dicke und legen Sie die obere Scheibe mit der gebräunten Seite nach unten in die Springform.

Aus den mittleren Scheiben schneiden Sie nun Streifen, deren Breite etwa 2 cm geringer ist als die Höhe der Form; damit kleiden Sie den Rand aus.

Dann kochen Sie Apfelkompott und Zucker auf und lassen es unter ständigem Rühren etwas einkochen, bevor Sie die eingeweichte und etwas ausgedrückte Gelatine hineinrühren. Geben Sie dann den Apfelbrand hinzu und lassen Sie die Masse abkühlen, bis sie nur noch handwarm ist. Am schnellsten geht das, wenn Sie den Topf in kaltes Wasser stellen und den Inhalt immer wieder umrühren.

Schlagen Sie dann die Sahne steif und heben Sie sie unter das Apfelkompott. Die fertige Masse wird dann in die Springform gegossen und bis zur Höhe der Randstreifen eingefüllt, glattgestrichen und mit dem Biskuitboden bedeckt.

Die Torte muß nun im Kühlschrank mehrere Stunden gut durchkühlen, bevor man sie vorsichtig stürzen kann.

Zur Dekoration werden die Äpfel gewaschen, geviertelt, vom Kerngehäuse befreit und in halbmondförmige Spalten geschnitten.

Erhitzen Sie Butter in einer beschichteten Pfanne, geben Sie den Zucker hinzu, lassen ihn schmelzen und caramelisieren Sie dann darin die Apfelspalten ganz leicht von beiden Seiten. Nun können Sie den Deckel der Charlotte damit dachziegelartig oder fächerförmig dekorieren.

Diese Charlotte läßt sich auch mit Zwetschgen oder Birnen herstellen.

Die Zwetschgen werden ähnlich wie die Äpfel zu einem Kompott verkocht, das allerdings dann püriert werden muß, damit auch die Schalen zerkleinert werden. Außerdem empfiehlt es sich, 1 – 2 Blatt Gelatine mehr zu nehmen, damit die Charlotte schnittfest wird. Zum Abschmecken wäre hier ein Zwetschgenbrand genau das Richtige, und die Dekoration bestünde aus aufgeschnittenen und in der Butter-Zucker-Mischung nur ganz kurz gedünsteten Zwetschgen, die ähnlich wie bei der "Prommetaat" von außen nach innen dicht an dicht aufgelegt werden.

Wenn Sie Birnen verwenden wollen, schälen, vierteln und entkernen Sie die Früchte zunächst, bevor Sie sie in einem Sud aus Wasser und Weißwein garen, der mit Zimt- und Vanillestangen, Zucker und Zitronenschale gewürzt ist. Für die Dekoration bewahren Sie 2 – 3 der Birnenviertel auf, der Rest wird püriert und dann weiterverarbeitet. Auch hier ist es angebracht, 1 – 2 Blatt Gelatine mehr zu nehmen, und natürlich verwenden Sie diesmal einen aromatischen Williams-Birnenbrand.

(Japonais-Masse)

200 g Eiweiß
200 g Zucker
200 g gemahlene Mandeln oder Haselnüsse
50 g Mehl
gehobelte Mandeln zum Bestreuen

Eiweiß wird mit einer Prise Salz fast steif geschlagen, 100 g Zucker läßt man nach und nach einlaufen und schlägt dabei weiter, bis der Eischnee sehr steif ist. Restlicher Zucker, gemahlene Mandeln oder Haselnüsse und Mehl werden vorsichtig untergehoben.

Ein Backblech wird mit Backpapier belegt, mit Hilfe eines Löffels setzen Sie kleine Häufchen der Masse darauf und halten dabei etwas Abstand. Gehobelte Mandeln werden darübergestreut und die Makronen im vorgeheizten Backofen bei 160 - 170 Grad etwa 15 - 20 Minuten gebacken. Sie sollten leicht gebräunt, aber innen noch etwas feucht sein.

Die Masse kann auch in eine ausgebutterte Backform ausgestrichen und - gebacken - für feine Buttercreme- oder Sahnetorten verwendet werden.

150 g beste Bitterschokolade
(mindestens 70% Kakaogehalt)
100 g Puderzucker
4 Eiweiß
2 Eßlöffel Grand Marnier oder anderer aromatischer
Likör bzw. Brand

Bitterschokolade und Puderzucker werden unter Zugabe von Grand Marnier und 3 - 4 Eßlöffeln heißem Wasser im Wasserbad geschmolzen und zu einer glatten Creme verrührt.

Schlagen Sie das Eiweiß mit 1 Prise Salz sehr steif. (Wenn man glaubt, es sei steif genug, noch 1 Minute weiterschlagen!)

Rühren Sie 1/3 des Eischnees unter die Schokoladencreme, heben Sie dann den restlichen Eischnee vorsichtig unter.

Dann wird die Mousse in Portionsförmchen oder eine größere Schüssel gefüllt und für einige Stunden in den Kühlschrank gestellt.

2 Tafeln weiße Schokolade (bestmögliche Qualität)
½ l Sahne
70 g Puderzucker
4 Eigelb
4 Blatt weiße Gelatine

Die Hälfte der Sahne wird mit Puderzucker und der in Stücke gebrochenen Schokolade in einem Topf langsam unter ständigem Rühren erwärmt, bis die Schokolade geschmolzen ist.

Die Eigelb werden mit einer Tasse Wasser (etwa 0,15 l) aufgeschlagen und zu der Schokoladen-Sahne gegeben, die nun zum Kochen gebracht wird. Dabei muß die Masse kräftig durchgeschlagen werden, um ein Anbrennen zu vermeiden; sie vergrößert gleichzeitig ihr Volumen, so daß der Topf nicht zu klein gewählt werden sollte.

Die Gelatine wird eingeweicht und in die heiße Masse eingerührt, die dann durch ein Sieb in eine Stahlschüssel gegossen wird. Unter ständigem Rühren wird die Creme im kalten Wasserbad abgekühlt; zum Schluß wird die restliche Sahne steifgeschlagen und untergezogen. In Portionsförmchen oder eine größere Schüssel gefüllt, muß die Creme dann im Kühlschrank für einige Stunden durchkühlen.

Heinz Theo Honnef

'ne Ratsch em Kappes

Von einem, der auszog, Rheinisch zu lernen!

VMS

7,60 €

ISBN 3-936253-06-4

*H*einz Theo Honnefs erstes Buch ist sowohl ein Roman, als auch ein vergnügliches Spiel mit der rheinischen Sprache und ihren zahlreichen Redewendungen. Es ist außerdem eine Liebeserklärung an seine Heimatstadt und an die Menschen, die dort leben, aber es ist möglich, daß einige es nicht merken.

*A*ch ja, eventuelle Ähnlichkeiten mit lebenden oder toten Personen sind, wie immer, rein zufällig, aber nicht ganz unbeabsichtigt. Und falls jemand den Eindruck haben sollte, daß dieses Buch eine Hommage an Professor Heinrich Lützeler sei, so könnte er damit nicht unrecht haben ...

ISBN 3-936253-01-3

7,60 €

VMS

*M*itten in die tristen Feiertage des Novembers gliedern sich zwei Todesfälle des Altenvereins "Met uns Net" ein.
Das, was anfänglich als natürliche Todesursache gilt, wird recht bald von "Lisa Schmitz", unserer rheinischen "Miss Marple", widerlegt.

*A*ls sich schließlich noch ihre beste Freundin "Express Käth" in eine dubiose Kirchenorganisation einschleust, muß Lisa schnellstens handeln.

*N*ur mit Hilfe von Rita, einer weißen Hexe, die Lisa in die Magie von heiligen Ritualen an Kraftorten, Astrologie und Mudras einweist, läßt sich das Schlimmste abwenden.

PETRA RAYA LIMBACH

Bönnsche Leichen

Die Mordfälle der Lisa Schmitz

Bonner Kriminalgeschichten

Eine blonde Frau ist in Kessenich verschwunden!

Eine weitere fühlt sich verfolgt und bedroht. Was steckt dahinter?

»Ich han dat Jefööl, dat doo jett net stimmb, on dat krije ich eruš, dat kannste mir jlööve. Ejal ob Spanner oder süns jett, däm dät ich de richtije Flöötetön beibränge.«

Illustriert von Sina Ohm

So und ähnlich klingt es, wenn Lisa Schmitz, eine Bonner Putzfrau, die Ermittlungen resolut in die eigene Hand nimmt. Zur Aufklärung der Fälle tragen ihre Freundin "Express-Käth" und der Altenverein "Met uns Net" erheblich bei.

Und Sie haben einiges zu tun: Im ersten Fall sind mehrere blonde Frauen verschwunden und Lisas in Kessenich wohnende Nichte scheint in großer Gefahr; im zweiten Fall tauchen gar 12 Leichen auf und bringen den Betrieb des "NANA-Museums" gehörig durcheinander.

Die beiden Kriminalgeschichten sind in hochdeutsch geschrieben, Petra Limbach hat aber ihrer Titelfigur das pralle Bönnsch in den Mund gelegt.

ISBN 3-936253-05-6, Preis: 7,60 €

GEORG RENARD

KLÄUMANNS BANDE

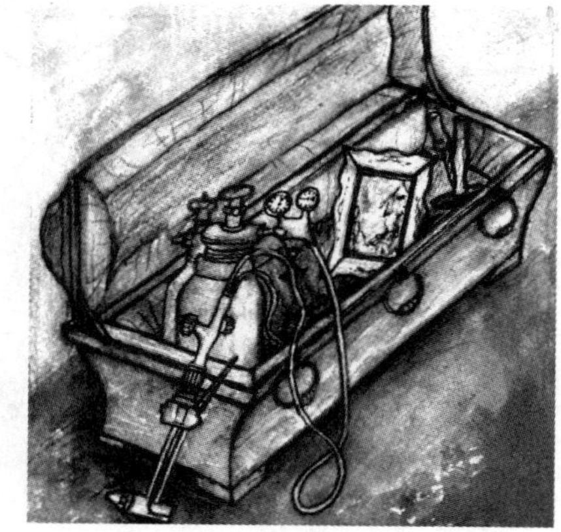

Erster Fall

Eine Leiche zuviel in der Königstraße

BONN KRIMI

ISBN 3-936253-07-2

7,60 €

Familie Kläumanns betreibt in der vierten Generation ein Beerdigungsinstitut in der Königstraße. Doch wer ahnt schon, daß sich die Kläumanns quasi nebenberuflich als Einbrecher und Kunstdiebe betätigen, um die Geschäfte aufzubessern.

Jahrelang ist alles gutgegangen, doch nun geschieht ausgerechnet im Nachbarhaus ein Mord, und die sich daraus ergebenden polizeilichen Ermittlungen stören die Aktivitäten der Familie Kläumanns doch empfindlich.

Um wieder Ruhe zu haben, beschließt der Familienrat, eigenhändig auf Mörderjagd zu gehen. Doch das ist gar nicht so einfach, will man sich dabei nicht verdächtig machen und der Polizei in die Arme laufen. Davon abgesehen erweist sich auch der Mordfall als ausgesprochen kniffelig, und die Motive reichen weit zurück in die Vergangenheit.

EINE LEICHE ZUVIEL ist der Auftakt einer Krimireihe rund um die Gaunerfamilie Kläumanns, die mit rheinischem Humor und viel Geschick - aber eben eher unfreiwillig - vertrackte Kriminalfälle lösen muß, um nicht selbst mit der Polizei in Konflikt zu geraten. Das ist komisch, spannend und manchmal auch gefährlich.

Ingrid Schampel

Drei Frauen und kein Mord

Eine Godesberger Kriminal-geschichte

ISBN 3-936253-13-7

7,60 €

(erscheint Anfang Oktober 2002)

Den ehemaligen Straftäter Guy hat es ins Godesberger Villen-viertel und dort ins Haus von Ellen Focke verschlagen, die dem Mittellosen ein Zimmer untervermietet.

Guys tristes Leben wendet sich, als er eines Abends zufällig Zeuge eines Raubüberfalls auf den Diamantenhändler Rot wird, der in seiner Villa Mondale in der Nachbarschaft residiert, und er nutzt die Gunst der Stunde, eine große Summe alter DM-Scheine beiseite zu schaffen, die die eigentlichen Täter zurück-lassen mußten.

Plötzlich ist Guy Millionär, und er hat einen Plan. Doch er hat nicht mit seiner Hauswirtin gerechnet, die ihm auf die Schliche kommt. Ellen Focke, die immer kalt und unnahbar auf ihn wirkte, ist wie verwandelt.

Die intime Beziehung, die sich zwischen ihnen entwickelt, steht jedoch unter keinem guten Stern, denn Ellen ist nicht die einzi-ge Frau, die Guy in Godesberg kennenlernt ...

Heinz Theo Honnef

Besser en Plääät ...

...wie jar keen Hoor

VMS

7,60 €

ISBN 3-936253-00-5

Rheinische Redensarten und was dahintersteckt

*D*ie rheinische Sprache zeichnet sich durch die Unmittelbarkeit aus, mit der sie die Dinge beim Namen nennt, ohne dabei Feinsinnigkeit und Humor zu verlieren. Dies spiegelt sich vor allem in den zahlreichen Redewendungen wider, die für jede Lebenslage einen oft absurd klingenden, immer jedoch treffenden Vergleich bereithalten und zum "Pöttchen" das passende "Deckelchen" finden.

*H*einz Theo Honnef hat nicht nur weit über 400 dieser Redensarten gesammelt, sondern sie auch ins Hochdeutsche übertragen und mit - nicht immer ganz ernst gemeinten - Erläuterungen und Kommentaren versehen.